Familien-Reiseführer
GARDASEE

COMPANIONS

Diese Zeichen und Symbole begleiten Sie durch das ganze Buch und geben Ihnen besondere Informationen:

Die Mini-Karte des Gardasees mit dem dicken farbigen Punkt zeigt Ihnen auf einen Blick, an welchem Ort sich die einzelne Adresse befindet.

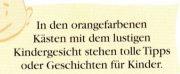

In den orangefarbenen Kästen mit dem lustigen Kindergesicht stehen tolle Tipps oder Geschichten für Kinder.

Infos zur Region oder spezielle Empfehlungen für die Eltern gibt's in den grünen Kästen mit dem Wegweiser.

Regionale kulinarische Genüsse oder ein Restaurant, in dem auch Ihre Kinder auf ihre Kosten kommen, finden Sie in den blauen Kästen.

 Der rote Punkt markiert Info-Blöcke, in denen alle wichtigen Fakten zu den genannten Adressen zusammengefasst sind.

Unser Autor Gottfried Aigner hat als Verbraucherjournalist begonnen, half die Zeitschrift »test« (Stiftung Warentest) aufzubauen, war Redaktionsleiter von »DM« und widmete sich dann dem Reisejournalismus. Er schreibt und illustriert Bücher über die Kanaren, die Balearen, Ägypten, Zypern und natürlich Italien. Als Wohnsitz wählte er München und Musaga über dem Gardasee.

Inhalt

GARDASEE

Gardasee für Eltern und Kinder

Den Gardasee entdecken 6
Was Eltern wissen sollten 12
Essen & Trinken 16

Blick von Nago auf Torbole und den See

Kinderfreundliche Strände

Strände für jeden Geschmack 24
Gepflegte Strandlandschaft:
Spiaggiae Sabbioni und dei Pini, Riva 26
Hier wird viel Wind gemacht:
Lido Blu, Torbole 27
Die Schönste im Land:
Baia delle Sirene, Garda/ San Vigilio 29
Torris Stadtstrand:
Sbocco Valle Randina 30
Schatten unter Maulbeerbäumen:

Sand findet man kaum am Gardasee, dafür aber viel Kies

Spiaggia Cavalla, Garda 30
Zwischen Schilf und Weiden:
Lungolago, zwischen Garda
und Bardolino 32
Hurra, ein Sandstrand:
La Quercia, Lazise 33
Cappuccino am Cappuccini-Strand:
Spiaggia Cappuccini, Peschiera 33
Kiesstrand im schönsten Park:
Lido Punta Gro, Sirmione 34
Strand und Pool:
Spiaggia San Francesco, Rivoltella . . .34
Ein sportliches Zentrum:
Lido della Rocchetta, Padenghe 36
Ausflug zum Inselchen:
Spiaggia Porto Torchio 36
Limones Kilometerstrand:
Spiaggia Comunale, Limone 37

Zehn Touren, die allen Spaß machen

**Tour 1 - Geologische Dramatik
im Norden:** Von Arco bis Limone . .40
**Tour 2 - Skaliger-Festung
und Bergeroberung:**
Malcesine und Monte Baldo 47

Inhalt

Auf den Touren macht man immer wieder botanische Entdeckungen

Tour 3 - Oliven-Riviera:
Die Ostküste zwischen Malcesine
und Torri 53
Tour 4 - Auf den Spuren der Reben:
Zwischen Bardolino und Peschiera . .59
Tour 5 - Zu Julia nach Verona:
Stadtbummel durch Verona 65
Tour 6 - Giro delle Battaglie:
Ausflug ins Mincio-Gebiet 72
Tour 7 - Auf den Spuren der mörderischen Scaligeri:
Streifzug durch Sirmione 77
Tour 8 - Kapitän für einen Tag:
Von Gargnano nach Desenzano 83
Tour 9 - Hinein in den Fels:
Parco Alto Garda Bresciano 89
Tour 10 - Die kleinen Schwestern:
Laghi di Valvestino, d'Idro
und di Ledro 95

Die tollsten Attraktionen für Kinder

Urwald, Saltos, Pharaonen:
Gardaland .102
Fantasievoller Landschaftspark:
Parco Giardino Sigurtà 105
Es spritzt und donnert:
Parco Grotta Cascate Varone 107
Wasserspaß total:
Canevaworld 107
Südsee-Feeling am Gardasee:
Parco Acquatico Cavour 109
Das schönste Goldkreuz:
Museo della Città in Brescia 110
Safaripark und Zoologischer Garten: Parco Natura Viva 110
Botanischer Zaubergarten:
Giardino Botanico Hruska 113
Wanderung zu den Marmite dei Giganti 114
Villa und Park eines berühmten Selbstdarstellers:
Il Vittoriale degli Italiani 116
Felszeichnungen im Wald:
Pietra delle Griselle 117
Rutschenparadies und Badespaß:
Acquapark Altomincio 118
Botanischer Garten:
Orto Botanico di Novezzina 120
Nachwuchs für Schumi:
South Garda Karting 121

Gut zu wissen

Fakten von A-Z 124
Einkaufen & Mitbringsel 137
Festkalender 141
Flora & Fauna 145
Geschichte 150
Sport 153
Schlagwortregister 158

Gardaland: Vergnügungspark der Superlative

Gardasee für Eltern und Kinder

Den Gardasee entdecken

Wer den Gardasee einmal entdeckt hat, wird schnell zum Stammkunden. Doch die Vorteile merkt erst so richtig, wer in anderen Gebieten Urlaub machte. Als wichtigstes Plus zählt das Klima: Die Alpen schützen den See vor kalten Nordwinden und unten, dort wo der Mincio den See verlässt, weht schon der vom Mittelmeer beeinflusste Wind aus der Po-Ebene über die Urlaubsorte. Also von Deutschland aus gesehen das auf kürzestem Weg erreichbare südliche Sonnenziel (nur vier Autostunden von München entfernt), mitten in einer abwechslungsreichen, grünen Tal- und Berg-Landschaft. Einen Unterschied im Klima gibt es auch innerhalb des 52 Kilometer langen Seegebiets: Dort, wo die Orte nach Süden gerichtet sind und der See allmählich breiter wird, etwa auf der Höhe Gargnano-Brenzone, beginnt der Süden – sagen die Einheimischen. Dort beginnt auch bereits die abwechslungsreiche mediterrane Botanik, auf den Hügeln vermischt mit bunter Alpenflora.

Süßes Obst, frisch vom Baum

Das Hinterland des Gardasees ist Pfirsich- und Aprikosenland. Die Früchte werden reif gepflückt, sie schmecken entsprechend intensiv. Im Sommer sind sie außerdem billig, etwa Lit. 2000 das Kilo, und vielerorts am Straßenrand zu kaufen. Eine gute Adresse für den Norden: Filli Duchi Ortofrutta, Loppio di Mori, Via del Garda 9 (auf dem Weg nach Rovereto). Für den Süden: Nuova Garda Fruit, Desenzano, Ortsteil Viadotto.

DAS GLÜCK DER NEBENSAISON

Familien mit kleinen Kindern, die sich also nicht nach den Sommerferien der Schulen richten müssen, haben die tolle Chance, den Gardasee in einer milden, blumenreicheren Jahreszeit besuchen zu können, also zwischen Ostern und Juni oder im Herbst bis Ende Oktober. Das ist die Zeit der Spaziergänge, Wanderungen und Ausflüge. Dann ist es auch nicht so voll an Stränden, in Restaurants, Cafés und in den Freizeitparks rund um den See. Zu beachten ist jedoch, dass im Frühjahr nicht alle Hotels geöffnet haben, Ostern ist für einige der Startpunkt, andere machen ihre Tore aber erst Ende Mai/Anfang Juni auf. Noch ein Punkt: Die Nebensaison braucht Eltern, die sich im Urlaub intensiv mit ihren Kindern beschäftigen können oder wollen. Denn die Animateure in den großen Hotels und auf Campingplätzen sind nur in der Hochsaison aktiv.

HEISSE HOCHSAISON

In den Monaten Juli und August herrscht Hochbetrieb rund um den Gardasee. Dann kommen alle Gäste zusammen, die deutschen, österreichischen und Schweizer Familien mit Schulkindern, aber auch die italienischen Kinder, die ab Mitte Juni für drei Monate ihre Lehrer schonen. Dann kommt auch die große Hitze, denn trotz des allgemein als günstig bekannten Klimas am Gardasee steigt das Thermometer in diesen zwei Monaten oft über 30 Grad. Damit steigt auch die Luftfeuchtigkeit gelegentlich auf über 80 Prozent und direkt am See wird es stellenweise sehr schwül, beispielsweise in der Bucht von Salò oder in anderen, vom Wind nicht erreichbaren Ecken und Fjorden. An solchen Tagen möchte man lieber im frischeren Norden sein, wo die regelmäßigen, auffrischenden Winde

Nur selten sieht man Torbole ohne die knallbunten Segel der Surffans, gilt der Ort doch als Surfparadies

Gardasee für Eltern und Kinder

Tourismus heute

Der Tourismus ist für den Gardasee die tragende Säule der Wirtschaft. Etwa 1000 Hotels mit 50 000 Betten stehen rund um den See. Hinzu kommen 2000 Betten in sieben Apartment-Anlagen und 26 000 Plätze auf 130 Campingplätzen. Etwa die Hälfte der Hotels und Apartments sind im Winter geschlossen. Jährlich besuchen 2,5 Millionen Gäste den See, zwei Drittel kommen aus dem Ausland, führend sind die Deutschen mit einer Million Urlaubern.

wehen, dann sind Riva und Torbole gefragt, die sportliche Zone für Segler und Surfer und für solche, die den Umgang mit dem Wind erst nach mehreren Neptunstaufen und Kopfnüssen des Großbaums erlernen.

AUF IN DIE BERGE

Wer nicht unbedingt am Wasser urlauben muss – kleine Wasserratten fordern dies manchmal –, kann den extremen Temperaturen durch Einbuchung in einem Quartier hoch über dem See ausweichen. Auf den westlichen Hochebenen von Tremosine und Tignale und weiter südlich im Bereich Montegargnano, Valvestino und Valténesi, ebenso im Osten an den Abhängen des Monte Baldo, im höheren Bereich von Brenzone und rund um Caprino sind die Sommer bis vier Grad kühler, auch frischt es durch die Höhenwinde nachts schneller auf. Die Höhenorte sind außerdem für Naturliebhaber ein Paradies, sogar im heißen Sommer. Immer noch oder schon wieder blühen Wiesensalbei, Margeriten und Rotes Waldvögelein, die Kastanien bekommen stachelige Früchte, weiter unten reifen die Trauben heran und einen Stock tiefer werden die Oliven prall und saftig.

Großartige Sehenswürdigkeiten liegen rund um den Gardasee, wie zum Beispiel das Bollwerk bei Valéggio sul Mincio, die Ponte Visconteo

Gardasee für Eltern und Kinder

Zahlenspiele

Der Gardasee liegt 65 m über dem Meeresspiegel. Mit 370 qkm ist er Italiens größter See, 52 km lang u. max. 18 km breit. Die größte Tiefe des Sees beträgt 346 m. Seine Ufer gehören im Osten zu Venetien, im Westen zur Lombardei und im Norden zur autonomen Provinz Trient. Rund um den See leben etwa 160 000 Menschen, die größte Stadt ist Desenzano (22 500 Einwohner), gefolgt von Riva (13 800), Arco (12 000) und Saló (10 000).

DONNERWETTER REGENWETTER

Wann regnet es am Gardasee oder besser wann nicht, ist eine häufig gestellte Frage. Die Landschaft um den See ist saftig grün, ergo: Der Regen kann nicht weit sein. Am sichersten sind Juli und August. In der übrigen Zeit muss immer mit einem Guss und heftigem Donnerwetter gerechnet werden. Ausflüge für den nächsten Tag sollte man mit Alternativen planen. Das Wetter im Norden Richtung Alpen unterscheidet sich oft stark von den Verhältnissen im Süden, in der Ebene rund um den Mincio-Fluss. Oder die Familie hat beschlossen, dem Monte Baldo aufs Dach zu steigen, am nächsten sonnigen Morgen klammert sich aber eine fette, graue Wolke an die Gipfel des Gebirges, allen ist klar, dass die schöne Aussicht, von der jeder Bergfax schwärmt, an diesem Tag nicht existiert.

Um nicht ins Blaue hineinzuplanen, empfiehlt es sich, am Abend vorher die regionale Wettervorhersage im Fernsehen anzuschauen. Sie gilt als ziemlich treffsicher, jedenfalls kann man deutlich sehen, ob Nord oder Süd, West oder Ost das klarere Sonnenzeichen hat oder ein Teil des Sees mit Wolkensymbolen verunziert wird. Die Wettervorhersage gibt es in den Regionalnachrichten des dritten Programms TG 3 regionale, kurz nach 19.30 Uhr – die Wetterzeichen sind international, also auch ohne Italienischkenntnisse verständlich.

HEISSES PFLASTER

Im Juli und August haben sich die Urlaubsorte am See für Unterhaltung gerüstet. Sportler zu Land und auf dem Wasser messen sich in Wettbewerben, für die Durstigen gibt es Wein- und Bierfeste, für die Musischen Konzerte klassisch und poppig, Opern und Operetten, Theater und Ballett. Die Kinder verlangen in diesen Tagen, endlich bis Mitternacht wach bleiben zu dürfen, dann nämlich knallen und zischen die Feuerwerkskörper in den nächtlichen Himmel, krönender Abschluss von Volksfesten und traditionellen Kirchweihfesten.

Heiß geht es dann auch im Vergnügungspark Gardaland zu (siehe S. 102). Die Super-Animier-Stadt mit Shows, prickelnden Fahrgeschäften, lauter Musik und heißem Asphalt kann dann allerdings nur Familien mit älteren Kindern empfohlen werden, die geduldig in der Schlange stehen. Für die Kleineren ist es eine Qual, durch den Wald an Hosenbeinen zu stolpern oder mit dem Buggy vorbei an knöchernen Knien geschubst zu werden. Bei frischerem Klima steigt die Aufnahmebereitschaft aller Altersklassen. Denn in Gardaland ist wirklich was los. Die anderen Vergnügungsparks, vorwiegend dem Spaß im Wasser gewidmet, sind wiederum die

Prominenz am See

Nichts geht ohne Goethe, so ist es auch am Gardasee: Im September 1786 weilte er in Torbole und schrieb an der »Iphigenie«, in Malcesine wurde er festgenommen, man hielt ihn für einen Spion. Thomas Mann besuchte 1901 Riva und die Wasserfälle von Varone. Paul Heyse verbrachte zwischen 1868 und 1910 mehrere Winter in Gardone Riviera, 1901 veröffentlichte er »Eine venezianische Nacht«, eine Episode in Saló, 1902 die »Novellen vom Gardasee«.

Gardasee für Eltern und Kinder

Vorbereitung zur Bootsprozession zu Ehren des heiligen Antonio

Alternative bei überfüllten Stränden. Mit Einschränkungen: Bei dem massiven Andrang von Urlaubern und Einheimischen schwappen am Wochenende die Becken über. Also den Besuch eines Acquaparks lieber auf die Wochentage verschieben.

PLANUNG AM WOCHENENDE

Familien mit kindergerechter Urlaubsplanung ziehen sich am Samstag und Sonntag an den Pool im Hotel oder Campingplatz zurück. Der Ausflug in die Berge ist dann auch nicht die richtige Alternative, jedenfalls nicht mit dem Auto, denn alles rast am Wochenende in die Sommerfrische, dazwischen Kolonnen fetzender Motorradfreaks und fahrbahnbreite Radler-Rudel. Was geht, das sind Spaziergänge und Wanderungen in waldreichen Gegenden. Ein Stück mit dem Auto, parken, Kurzwanderung in den Wald, Picknickplatz suchen, möglichst mit Grillstation – und dann Körbe und Taschen auspacken, in der Natur schwelgen, Spiele mit Kindern arrangieren, Blumen, Gräser und Insekten suchen und bestimmen (Bestimmungsbücher einpacken!).

FESTE FEIERN

Zu diesen eher gemütlichen Wochenenden gehört auch der Besuch dörflicher Feste, oft durch Grill-Arien angereichert. Das sind Gelegenheiten, mit Einheimischen Kontakt aufzunehmen. Nicht dass die Bergler rund um den Gardasee laut jubelnde Fremden-Umarmer wären, nein,

Gardasee für Eltern und Kinder

Blumenpracht rund um den See

im Prinzip sind sie eher zurückhaltend. Doch das ändert sich, wenn sie das Interesse der Fremden an ihren Gewohnheiten spüren. Dann werden sie aufgeschlossen und fröhlich. Sind Kinder dabei, ist der Kontakt sowieso schnell geschlossen. Mit ein paar Formulierungen, wie der Frage nach dem Alter, dem Namen, der Herkunft, wird viel lustige Unterhaltung herbeigezaubert (siehe S. 131). Die größten Chancen haben blonde Kinder, dann können sich Italiener kaum zurückhalten, über die goldenen Schöpfe zu streicheln, »bella bionda« sagen sie dann zu den Mädchen, »bel biondo« zu den Jungen. Um kein Missverständnis aufkommen zu lassen: Sie streicheln auch Schwarzköpfen über das Haupt.

Die Legende vom Liebesknoten

In den Restaurants von Valéggio wird ein ganz spezielles Nudelgericht angeboten, der »Nodo d'Amore«, der Liebesknoten. Über seine Entstehung gibt es eine schöne Legende aus der Zeit des Mailänder Fürsten Gian Galeazzo Visconti: Vor vielen, vielen Jahrhunderten lebte ein Narr namens Gonella am Hofe des Fürsten. Eines Abends erzählte Gonella den Soldaten, im Mincio lebten Nixen, die nachts zum Tanz ans Ufer stiegen, wegen eines Fluchs aber wie grässliche Hexen aussähen. Malco, der mutige Anführer der Soldaten, lauerte den Hexen auf und ergriff eine von ihnen. Sie verlor ihren Mantel und siehe da, vor Malco stand eine wunderschöne, zierliche Nixe mit Namen Silvia. Beide verliebten sich augenblicklich ineinander und schworen sich ewige Treue. Doch ehe der Tag anbrach, musste die Nixe Silvia in den Fluss zurück. Als Pfand ihrer Liebe schenkte sie Malco ein zartes Taschentuch mit einem Knoten. Am nächsten Abend tanzten auf einem Hoffest drei wunderschöne Mädchen. Malco erkannte unter ihnen seine geliebte Silvia. Die liebevollen Blicke der beiden blieben der Hofdame Isabella nicht verborgen. Da auch sie Malco liebte, erwachte in ihr starke Eifersucht, und sie bat den Fürsten, die Hexe festzunehmen. Doch bevor die Schergen des Fürsten zugreifen konnten, warf sich Malco dazwischen, Silvia konnte in den Mincio fliehen, der Geliebte wurde an ihrer Stelle in den Kerker geworfen. Nun bekam Isabella ein schlechtes Gewissen und sie bat Malco um Verzeihung. Auch Silvia war aus dem Fluss gekommen, um den Geliebten zu retten. Sie überzeugte Malco und auch Isabella, dass nur der Weg ins Wasser zu den Nixen ihre Erlösung sei. Das wollten die Wachen verhindern und alarmierten den Fürsten. Doch Isabella hielt Fürst Visconti auf, erzählte ihm von der grenzenlosen Liebe zwischen Malco und Silvia. Als der Fürst zum Fluss kam, hatte sich das Liebespaar bereits in die Fluten gestürzt. Der Fürst fand am Ufer nur noch ein Tüchlein aus vergoldeter Seide mit einem Knoten, dem Symbol ihrer ewigen Liebe. Als Erinnerung an diese Liebe bereiten die Frauen von Valéggio bis heute Nudeln in Form eines zarten Knotens (siehe S. 142).

Gardasee für Eltern und Kinder

Was Eltern wissen sollten

Für einen gesunden Urlaub steht die Frage nach frischer Luft und sauberem Wasser im Vordergrund. Bei Unterkünften und Badeplätzen dicht neben der Straße ist eine Belastung durch Lärm und Autoabgase nicht wegzuleugnen, vor allem bei dem dichten Verkehr in der Sommerzeit. Die Unterkunft ist also mit Bedacht zu wählen (siehe S. 134). Ebenso gibt es große Unterschiede bei den Stränden.

STRENGE NORMEN FÜR BADEWASSERQUALITÄT

Die Qualität des Badewassers am Gardasee machte bis vor einiger Zeit negative Schlagzeilen. Die Situation hat sich inzwischen aber erheblich verbessert, wie aus Berichten des unparteiischen ADAC hervorgeht. Das beauftragte Hygieneinstitut aus Konstanz arbeitet mit den lokalen Gesundheitsbehörden zusammen und nimmt jedes Jahr an 125 Probestellen Messungen vor. Beruhigend ist ein Zitat der Kontrolleure: »Da die italienischen Grenzwerte für mikrobiologische Parameter wesentlich strenger sind als die der EU-Richtlinien, kommt es in Italien wesentlich häufiger zum Aussprechen von Badeverboten als in anderen europäischen Ländern. Die Werte lagen in den letzten Jahren alle unterhalb der europäischen Grenzwerte, sodass nach europäischen Richtlinien an keinem der unten aufgeführten Strände ein Badeverbot in der Saison bestanden hätte.« Kommt eine aktuelle Belastung vor, wird sofort in den italienischen Medien darüber berichtet, außerdem werden an den infrage kommenden Stränden Verbotstafeln aufgestellt.

Erst wenn danach mehrere Messungen hintereinander ohne Beanstandungen waren, wird das Badeverbot wieder aufgehoben. Um die Beanstandungen auf null zu bringen, wird viel Geld ausgegeben.

DIE RINGKANALISATION

Der jetzige Stand: Eine Großkläranlage zur Aufbereitung der Abwässer des Veroneser und des Brescianer Ufers ist seit 1981 in Betrieb. Seit der Nachrüstung verfügt sie über eine mechanische, eine biologische und eine dritte chemische Stufe zur Eliminierung von Phosphaten, außerdem über eine abschließende Desinfektion durch Chlorierung. In der Hochsaison reichte allerdings die bisherige Kapazität mit 330 000 EGW (Einwohner-Gleichwert) nicht immer aus, sie wurde jetzt auf 440 000 EGW erweitert.

Aus geografischen Gründen sind die Gemeinden Limone, Tremosine und Tignale nicht an die Ringkanalisation angeschlossen, die Abwässer werden in drei kleineren Kläranlagen aufbereitet. Auch die Provinz Trento mit Riva und Torbole besitzt ein eigenes Klärsystem. Insgesamt sind bis jetzt 92 Prozent der Bevölkerung rund um den Gardasee an eine Kanalisation angeschlossen.

Bei Defekten am Abwassersystem

Trotz aller Vorsichtsmaßnahmen kann es einmal zu Defekten am Abwassersystem kommen. Die Bevölkerung und die Urlaubgäste können ihre Beobachtungen über eine spezielle Telefonnummer melden (Westufer, Brescianer Gebiet Tel. 045-640 09 45, italienisch oder deutsch auf Band sprechen und Telefonnummer des Anrufenden angeben; für das Ostufer Tel. 0335-575 71 66).

Gardasee für Eltern und Kinder

Die allgemein sehr gute Wasserqualität am See wird ständig kontrolliert

VORSICHT SONNENEINSTRAHLUNG

Um das Strandvergnügen optimal zu halten, sollten Kinder, aber auch empfindliche Erwachsene eine Kopfbedeckung tragen. Kinder, die gerne ihr Hütchen wieder herunterreißen, müssen mit allen pädagogischen Mitteln auf die Gefahren eines Sonnenbrands oder gar eines Sonnenstichs hingewiesen werden. Bei längerem Spiel im Freien müssen Empfindliche – und dazu gehören kleine Kinder auf jeden Fall – unbedingt ein Hemdchen tragen. Auch wenn die Sonne durch eine Wolkenschicht verdeckt ist, gilt diese Regel, die schädlichen Strahlen dringen auch durch bedeckten Himmel. Und: mit möglichst hohem Lichtschutzfaktor eincremen – vor allem nach dem Baden!

BADE-DERMATITIS

Die Wassertemperatur des Gardasees beträgt normalerweise im Sommer 22 bis 24 Grad. Wenn sie höher steigt, auf 25 Grad und mehr, kann es zur Badedermatitis (la grattarola) kommen. Sie ist gesundheitlich zwar unbedenklich, doch ein paar Tage können stark juckende Hautreizungen auftreten. Die allergische Hautreaktion wird durch Enten-Zerkarien ausgelöst, Larven des Pärchenegels,

Gardasee für Eltern und Kinder

Wichtig für die Kleinen: Kopfbedeckung und Nackenschutz

die normalerweise nur Wasservögel befallen, der Mensch tritt lediglich – wie es so ulkig heißt – als Zwischenwirt auf. Wenn der Sommer nicht sehr heiß wird, die Wassertemperatur unter 25 Grad bleibt, entwickeln sich die lästigen Larven nur mäßig.

ÄRZTLICHE VERSORGUNG

Die medizinische Versorgung ist rund um den Gardasee gewährleistet (siehe S. 130), es gibt auch Deutsch sprechende Mediziner. Weil nach aller Erfahrung bei kleinen Kindern Unpässlichkeiten zu völlig unpassenden Zeiten auftreten, sollten sich die Eltern gleich am Anfang des Urlaubs mit den entsprechenden Adressen und Telefonnummern versorgen. An der Rezeption der Hotels und Campingplätze hilft man weiter, auch bei den örtlichen Touristeninformationen sind die Adressen bekannt. In allen Apotheken

Gläschennahrung

Die in Deutschland stark verbreitete Ernährung der Kleinkinder mit Brei, Gemüse und allerlei Mischungen aus Gläsern hat wohl rund um den Gardasee kaum Anklang gefunden. Es gibt nur sehr wenig Auswahl, nur kleine Notrationen, die auch noch recht teuer sind. Italienische Mütter kochen die Menüs für die Kleinsten lieber selbst, heißt es. Also: Gläschennahrung in Deutschland kaufen und genügend Vorrat mitbringen.

Gardasee für Eltern und Kinder

gibt es praktisch alle auch bei uns üblichen Medikamente. Wer regelmäßig ein Medikament benötigt, sollte trotzdem eine Packung oder Beschreibung bei sich haben, damit die Inhaltsstoffe geprüft werden können.

KINDERMÖBEL UND ANIMATION

In Hotels und auf Campingplätzen, die sich im Prospekt als kinderfreundlich bezeichnen, sind Grundausrüstungen für die Kleinen wie Kinderbetten und Kinderstühle normalerweise vorhanden. Trotzdem ist eine schriftliche Absicherung anzuraten, vor allem in der Hochsaison kann es zu Engpässen kommen. Viele Hotels verlangen für den Kinderstuhl Gebühren, bis zu Lit. 20 000 pro Woche. Wenn in den Beschreibungen Kinderanimation erwähnt wird, muss darauf geachtet werden, für welche Zeit sie zugesagt ist, in Hotels gilt dies meistens nur für die Monate Juli und August. Wer früher oder später mit den Kids anreist, sollte unbedingt auf eine Bestätigung pochen.

KINDER IM RESTAURANT

Bleibt noch das Thema Kinder im Restaurant. Normalerweise gibt es in italienischen Gasthäusern keine Probleme, auch italienische Kinder rennen herum und dürfen oft bis Mitternacht aufbleiben. Problematischer wird es in größeren Hotels mit vielen älteren Gästen. Da ist das Angebot spezieller Essenszeiten für die Kleinen eine große Erleichterung. Einschränkungen müssen auch in feinen italienischen Restaurants gemacht werden, wo die Gäste ihre teuren Menüs in Ruhe verzehren wollen. Auch italienische Eltern wissen da von Problemen mit der Geschäftsführung zu berichten. Schließlich noch ein Problem, das Kinderstühlchen für die ganz Kleinen: Das sollte immer im Kofferraum sein, viele Wirte besitzen die speziellen Sitze leider nur dann, wenn sie selbst kleine Kinder haben.

Kleiner Sprachführer für Eltern

Babynahrung (im Gläschen) – omogeneizzati
Babyrassel – sonaglio
Ball – palla
Eis – gelato
Feuchttücher – salviette umide
Gummiboot – barchetta di plastica
Hemdchen – camicino/ canottiera da bambino
Höschen – braghette
Kinderbett – lettino
Kinderfahrkarte – biglietto per bambini
Kinderfahrrad – bicicletta da bambino
Kinderkarre (zusammenklappbar) – passeggino (pieghevole)
Kindernahrung (Brei) – pappa/ crema
Kindersitz – seggiolino per bambini
Lätzchen – bavaglino
Luftmatratze – materassino
Malbuch – album da colorare
Malstifte – matite colorate
Milch – latte
Milchpulver – latte in polvere
Mineralwasser (ohne/mit Kohlensäure) – acqua minerale (naturale/gassata)
Nuckelflasche – biberon
Puppe – bambola
Sandalen – sandali
Schnuller – ciucciotto
Schwimmbrille – occhialini da nuoto
Schwimmflossen – pinne
Schwimmflügel – braccioli
Schwimmreifen – salvagente
Spielplatz – parco giochi
Spielzeug – giocattolo
Strampelanzug – tutina
(Strand-)Eimer – secchiello
(Strand-)Schaufel – paletta
Taucherbrille – maschera da sub
Teddybär – orsetto
Vollmilch – latte intero
Windeln – pannolini

Essen & Trinken

Eines gleich vorweg für Familien mit Kindern: Die Macs und Burgers, die platten Hackfleisch-Plätzchen, die Chickenpickles und Fishsticks sind rund um den See mega-out. Zum Trost: Pommes frites mit Ketchup gibt es teller- und tütenweise. Ein echtes Alternativ-Angebot für den Fast-Food-Freak: Pizza totale. Leckere Pizza dampft nicht nur in den zahllosen Pizzerien, wo sie kreisrund, leicht am Rand angekohlt, aus dem Holzbackofen kommt. Man muss beim Bummel durch die Straßen nur der Nase folgen und landet zielsicher vor einer der vielen Bäckereien. Dort kommen große Bleche aus dem Elektroofen, werden dampfend in Rechtecke geschnitten, der Käse zieht Fäden beim Umladen auf den Pappkarton – und dann ist der Zwischensnack-Genuss perfekt, draußen am Rande des Sees, auf einer Bank, rein mit den Hauern – vorsichtig, heiß! –, was für ein köstlich duftender Belag aus Tomaten, Käse, Schinken und Wurst, da kann wirklich keiner mehr »macern«.

Etwas einfacher sind die so genannten Panini ripieni oder Toasti in den Snackbars der Urlaubsorte. Je nach Wunsch werden Käse, Schinken, Tunfisch oder Wurst in ein aufgeschnittenes Brötchen oder zwischen zwei Toastscheiben gelegt und im Pressgrill heiß gemacht.

Frisch aus dem Backofen: süße Köstlichkeiten, die »Colombine«

Gardasee für Eltern und Kinder

ÜBERALL TRÖPFELT DAS OLIVENÖL

Wer von seinem Wiener Schnitzel nicht lassen kann oder auf Wurstel con Krauti steht, wird an jedem Urlaubsort fündig werden. Doch im Urlaub sollte man auch einmal anders speisen, so wie die Einheimischen, eine »Cucina casalinga« (Küche nach Hausfrauenart) suchen und damit ein Stück ihrer Kultur kennen lernen. Beispielsweise via Olivenöl, das bereits die Römer schätzten und die Hänge rund um den Gardasee mit Ölbäumen bepflanzten. Ohne das gesunde Olivenöl - angeblich werden aus diesem Grund viele Menschen am See hundert Jahre alt - läuft in der Gardaküche nichts. Ob zu kalten Speisen oder warm, immer steht das Ölkännchen in der Nähe. So auch bei dem Trentiner Rezept der »Carne salada« - salada bedeutet gesalzen -, es ist gepökeltes Rindfleisch, erfunden in der Zeit, als es im Trentino noch keinen Kühlschrank gab. Inzwischen wird es auch in lombardischen und venetischen Restaurants am See serviert, entweder kalt, als Carpaccio (rohes Fleisch, feinst geschnitten) oder warm mit weißen Bohnen. Und immer träufelt man das vitaminreiche Olivenöl auf die dünn geschnittenen Fleischscheiben.

REICH AN FISCHEN

Auch die Fische des Gardasees kommen vom Wasser ins Öl (allerdings in Keimöl). Seltener die rotfleischige Gardaseeforelle, die es eher von der Fischfarm gibt, denn häufiger wird die gewöhnliche gefangen, gerne mit frischen oder gekochten Trauben gereicht. Der Karpfen vom See und die Schleie werden vorwiegend gegrillt, das Felchen in Alufolie gegart (Lavarello al cartoccio). Am Ostufer, im Bereich der Oliven-Riviera, ist Fischrisotto eine Spezialität, auf die sich auch sonst weniger dem Fisch zugeneigte Mäulchen stürzen: Reis mit Schleie, gebratenen Sardinen und getrocknetem Weißfisch. Noch ein paar leckere Fisch-Variationen zum Appetitmachen: Aal in Kräutersoße (Anguilla con sguasset) ist nicht zu verachten, oder in Olivenöl eingelegte Sardinen, hingegen wird das schmackhafte Barschfilet in Weißwein gebeizt. Falls jemand die Pasta vermisst, bitte sehr: »Bigi co' le aole« steht auf vielen Menükarten, hausgemachte Nudeln mit gebratenem Weißfisch.

Diese Aole, auch Agole geschrieben, dürfen übrigens im Juni/Juli an ganz bestimmten Tagen als Jungfisch gefangen werden. Dann liegen sie in vielen Orten auf großen Sieben zum Trocknen aus, werden schließlich in Mehl gewälzt und brutzelnd in großen Kacheln in Öl frittiert. Man verschlingt sie mit Haut und Gräten. Solche Gelegenheiten hat man z.B. in Gargnano beim Antonio-Fest oder in Limone bei der »Festa del Pesciollino«, dem Fischlein-Fest, bei dem auch die Volksmusik zum Tanz aufspielt.

Spargel im Osten

Im Hinterland des Ostufers, rund um Cavaion, dem Spargelanbaugebiet des Gardasees, werden im Mai und Juni viele Spezialitäten mit dem weißen Stangengemüse angeboten: Spargel-Risotto, im Ofen gebackene, mit Spargel, Käse und Schinken gefüllte Blätterteigtaschen, Spargel mit Olivenöl, etwas Salz und Pfeffer auf kleiner Flamme gegrillt, Spargel mit Polenta, dem aus der Gardaküche nicht wegzudenkenden Maisgrießbrei. Die Fantasie der Küche geht aber weiter. Besonders lecker ist Tusella und Spargel: Tusella, ein Bergkäse, wird zusammen mit dünnen Scheiben rohem Schinken, Sahne und Spargel gekocht, geschichtet, mit Kognak übergossen und mit Polenta serviert. Für Pasta-Freunde wurde sogar ein neues Rezept erfunden: Spaghetti, Spargel, Eigelb und Sahne.

Rezepte zum Nachkochen für daheim

Alle Rezepte sind für 4 Personen berechnet.

Marinierte Lachsforelle (Trota salmonata marinata, als Vorspeise)
1 rotfleischige Forelle von ca. 1 kg, 3 Zitronen, Olivenöl extra vergine (kaltgepresst), 1 Bund Rucola, Salz und Pfeffer aus der Mühle

Forelle filetieren, mit Salz und frisch geschrotetem Pfeffer würzen, mit dem Saft der 3 Zitronen marinieren und mit Olivenöl bedecken. Mindestens 24 Stunden an einem kühlen Ort ziehen lassen. In feine Scheiben schneiden, Rucola dazugeben und mit warmen gerösteten Weißbrotscheiben (Crostini) reichen. Köstlich dazu: ein kühler Chiaretto von der Valténesi.

Schleie im Backofen (Tinca al forno)
1 große Schleie (ca. 1 kg), für die Füllung: 1 Bund glatte Petersilie, 1 Knoblauchzehe, 50 g Paniermehl, 50 g geriebener Parmesan, 2 Eier, Salz und Pfeffer, 3 Salbeiblätter, 1 Lorbeerblatt, 1 Glas Olivenöl, 1 Glas trockener Weißwein

Die Schleie ausnehmen und gut waschen. Die Füllung zubereiten und den leicht gesalzenen Fisch damit füllen, zunähen und in eine feuerfeste Form legen, nach Geschmack salzen und pfeffern, mit Olivenöl übergießen. Ca. 40 Minuten bei mittlerer Hitze (ca. 200°C) im vorgeheizten Backofen garen, dabei ab und zu mit dem Bratensaft und herbem Weißwein übergießen.
Heiß mit frischem Weißbrot oder Polenta servieren, dazu einen leichten (roten) Bardolino oder einen trockenen Weißen aus dem Süden des Gardasees reichen.

Gefülltes Perlhuhn (Faraona ripiena)
1 mittelgroßes Perlhuhn, 2-3 altbackene Brötchen, 1 Knoblauchzehe, 1 Bund frische Kräuter, z.B. Petersilie, Rucola, Bleichsellerieblätter, 1 Ei, 50 g geriebener Parmesan, Salz und Pfeffer frisch aus der Mühle, 1 kleine Zwiebel, 4 dünne Scheiben durchwachsener Speck, 4 Zwiebeln (mit Haut), 2 Karotten, Bleichselleriestengel, Olivenöl und Weißwein

Perlhuhn ausnehmen und gründlich waschen. Innereien klein schneiden und mit fein gehackter kleiner Zwiebel sowie Knoblauch anbraten. 2-3 altbackene Brötchen einweichen und gut ausgedrückt dazugeben. Die fein gehackten Kräuter darunter mischen, mit Salz und Pfeffer sowie dem Parmesan würzen und das Ei unterziehen. Das Perlhuhn mit der Masse füllen und mit einem Zahnstocher schließen. Mit den Speckscheiben umhüllen und mit Küchengarn zubinden. In eine feuerfeste Tonschüssel legen und mit Karotten- und Bleichselleriewürfeln umgeben, darauf die 4 Zwiebeln, auch mitsamt der gesäuberten Haut, betten. Alles mit etwas Olivenöl und reichlich Weißwein übergießen und zugedeckt in den ca. 220°C heißen Backofen schieben. Während der Garzeit von ca. 1 Stunde immer wieder mit dem Bratensaft und Weißwein übergießen.
Dazu: frisches Weißbrot und einen schweren Groppello von der Valténesi oder einen Valpolicella.

Gardasee für Eltern und Kinder

GEFÜLLTES REBHUHN

Natürlich bietet die Küche des Gardasees auch viele Fleischgerichte wie Kaninchen (coniglio), Lamm (agnello) und Zicklein (capretto). Als gemischte Gerichte werden angeboten: Risotto mit Ente (risotto con l'anatra), Nudeln mit Wildragout (papardelle con la selvaggina) und als traditionelles Gericht Kochfleisch mit einer Soße aus Knochenmark (peará). Pferdefleisch (pastissada de caval) ist nicht gerade nach deutschem Geschmack, aber üblich im nördlichen Italien, eher schmeckt den Teutonen auf dem Grill gegarte Ente (anatra) oder gefülltes Perlhuhn, mit Speckstreifen umwickelt (faraona ripiena). Ein Tipp für Selbstversorger: Das Perlhuhn gibt es in guten Metzgereien fix und fertig vorbereitet.

TORTELLINI AL DENTE

Im lombardischen Teil des Sees, an den Ufern des Mincio-Flusses, wurde die Küche der Fischer und Bauern mit jener der in Villen und Palästen wohnenden Herrschaften kombiniert. Die Tortellini di Valéggio werden mit feinem Kürbis gefüllt, die ebenfalls aus Valéggio stammenden, Nodi d'Amore genannten Tortellini mit einer besonderen Fleischfüllung (siehe S. 142). Eine andere, häufig gefragte Pasta sind Eiernudeln mit Lachssoße, man bestellt auf italienisch Tagliolini al salmone. Risottofreunde kommen voll auf ihre Kosten, vor allem am lombardischen Teil des Sees, und sie haben die Qual der Wahl zwischen dem etwas bitteren Reis mit Radicchio-Salat (risotto al radicchio rosso), dem etwas weniger bitteren mit Löwenzahn (alla cicoria di campo) und dem süßen Reis mit Erdbeeren (alla fragola).

BRATENDUFT STEIGT IN DIE NASE

Für den großen Hunger, vielleicht nach einer an allen drei Teilen des Gardasees üblichen Gemüsesuppe, wird der Grill in Gang gesetzt. Die Nase schnuppert schon meilenweit den Bratenduft, vielleicht steht Schweinshaxe (stinco di maiale) auf der Schiefertafel vor dem Lokal oder Kalbshaxe (stinco di vitello), vielleicht sogar marinierter Hase (lepre in salmì). Fast immer wird dazu Polenta gereicht, der gelbe Maisgriesbrei. Manchmal geben die mit Kreide geschriebenen Gerichte bei nur mäßigen Italienisch-Kenntnissen auch Rätsel auf: »Lumache in umido« beispielsweise, der Wirt versucht es mit Gesten zu erklären, alle schütteln den Kopf. Wie soll man auch geschmorte Weinbergschnecken mit Händen und Füßen erklären?!

TRÜFFEL-SCHNÜFFLER

Wer Gerichte mit Trüffel schätzt, wird am Gardasee ebenfalls gut bedient. Trüffel verschiedener Qualität gibt es rund um das Jahr, sie werden vor allem in den Wäldern des Monte Baldo und der Valténesi von Hunden erschnüffelt. Doch die meisten stammen aus Umbrien, der Toskana oder dem Piemont. Feinschmecker unterscheiden schnell zwischen dem schwarzen Trüffel, bekannt auch als Trüffel von Norcia oder Spoleto, angenehm und leicht verdaulich, und dem weißen Trüffel aus

---

Speziell für Leckermäuler

Zu den speziellen Kuchen des Gardaseegebiets gehören »Sanvigilini«, das ist Sandkuchen mit Rosinen, »Sbrisolona«, ein fester Streuselkuchen, dann eine große Auswahl an »Crostate«, leckeren Obstkuchen, und »Fogazza alla gradela«, Blechkuchen nach alten Rezepten. Oder auch einmal die »Millefoglie«, bei uns als Napoleonschnitte bekannt, eine duftende Nascherei aus Blätterteig und Vanillepudding. »Panetone«, eine Art Gugelhupfteig in Taubenform, gibt es zu Ostern. Man kann sie ruhig auf Vorrat kaufen, sie bleiben bis zu zwei Monaten frisch.

Alba, der den schwarzen im Geschmack übertrifft. Die Erntezeit liegt normalerweise zwischen November und März. Doch wird auch im Sommer mit Trüffel, über Pasta oder Risotto gerieben, Reklame gemacht. Feine Zungen merken es schnell: Es handelt sich um den schwarzen Sommertrüffel, der schon ab Juni bis Winteranfang wächst, von Feinschmeckern jedoch wegen geringerer Geschmacksqualität ganz unten auf die Liste gesetzt wird.

DAS RICHTIGE GETRÄNK

An Getränken wird in Italien alles serviert, was auch deutsche Wirte bieten. Cola steht bei Kindern obenan. Mineralwasser gibt es ungefragt ohne Kohlensäure, wer das Wasser sprudelnd haben will, muss »acqua minerale frizzante« verlangen. Die Zapfhähne rund um den Gardasee haben deutsche und holländische Brauereien erobert. Aber die Weinkarte wird von den Anbaugebieten des Gardasees beherrscht. Weinkenner empfehlen zum Fisch in erster Linie Weißwein, aber keineswegs durchweg: Zu einer Fischsuppe passt der roséfarbene Chiaretto recht gut, ebenso zu gedämpftem Fisch mit Tomaten und würziger Soße, in diesem Fall darf es sogar ein junger Roter (rosso giovane) sein. Bardolino eignet sich zu Suppen und weißem Fleisch, der Bianco di Custoza zu fettarmen Vorspeisen, leichter Suppe, gedämpftem oder gegrilltem Fisch, Lugana zu Risotto mit Fischsoßen, optimal – sagen italienische Köche – zu Fröschen und Schnecken, ebenso zu Aal und gegrilltem Fisch vom See. Zu Fleischgerichten ist Rot angesagt, passt am besten ein kräftiger (venetischer) Valpolicella oder vom südwestlichen Weinbaugebiet der duftende, vollmundige Groppello.

Weinprobe auf einem der vielen Weingüter

Zehn kulinarische Spezialitäten vom Gardasee

Spiedo: Ohne den Fleischspieß kommt vor allem oberhalb des westlichen See-Ufers kein Fest aus. Der an Holzkohle nahe herangerückte Spieß gart in drei bis vier Stunden, wird dabei immer wieder mit Butter bestrichen. Er besteht aus größeren Stücken von Schweinefleisch, Huhn, Kaninchen, dazwischen Zwiebel- und dicke Kartoffelscheiben sowie reichlich Salbeiblätter.

Faraona ripiena: Ebenfalls eine Spezialität des Westufers ist das gefüllte Perlhuhn. Es wird mit einer gut gewürzten Farce aus Brot, Kräutern und Innereien gefüllt, mit feinen Speckstreifen umhüllt und in der Röhre mit Zwiebeln in Weißwein gebraten.

Carne salada con fagioli: Vom Norden des Sees aus dem Trentino, stammt dieses zwar winterliche Essen aus magerem, hausgepökeltem Rindfleisch, zu dem mit Rosmarin gewürzte weiße Bohnen serviert werden. Zu einer Sommer-Spezialität wird das ähnlich dem Carpaccio kalt in dünne Scheiben geschnittene Pökelfleisch, das mit Olivenöl beträufelt und mit frisch geschrotetem Pfeffer eine Delikatesse ist.

Tortellini di zucca: Die Mantovaner lieben Kürbis, und eine ihrer Lieblingsspezialitäten sind mit Kürbis gefüllte Teigtaschen, ob Tortellini oder Ravioli. Sie werden heiß mit zerlassener Butter und frischem Pfefferschrot gegessen.

Sarde in saor: Den Venezianern hat das Ostufer nicht nur diese leckeren Sardinen zu verdanken, sondern überhaupt die süßsaure Art, Fisch zuzubereiten. Die vorher gebratenen Fische werden in glasig gedämpften und mit Wein (oder Essig), Lorbeer, Salz und Pfeffer abgeschmeckten Zwiebeln mariniert. Man serviert sie kalt oder lauwarm, dann auch gerne mit Polenta.

Trota del lago: Sie ist sicher der berühmteste Fisch des Gardasees, auch wenn die rosafleischige Seeforelle inzwischen im Norden des Sees in großen Becken gezüchtet wird. Trota del lago fehlt auf fast keiner Speisekarte am See, meist wird sie in der Pfanne kross gebraten oder vorsichtig über Holzkohle gegrillt.

Lavarello: Das Blaufelchen vom Gardasee (lokal Coregone genannt) kann gebraten, gegrillt oder aber auch roh als Fisch-Carpaccio gegessen werden. Besonders lecker ist die Variante mit einer Marinade aus Olivenöl und Zitrone, bedeckt mit Tomatenwürfeln und Basilikumblättern, mit Salz und frischem Pfeffer aus der Mühle gewürzt.

Tinca con polenta: Die relativ kleinen Schleien vom See werden entweder filetiert oder im Ganzen kross gebraten und mit Polenta gereicht.

Carpione: Die Karpfen aus dem Gardasee sind viel kleiner als die aus deutschen Zuchtteichen und auch weniger fett. Die Fischer des Sees pflegen ihn nur ganz einfach zubereitet zu essen: langsam über Holzkohlenglut gegrillt, nur ab und zu mit Hilfe eines Rosmarinzweigs mit bestem Olivenöl bestrichen. Heiß mit frisch darüber geträufeltem Olivenöl und mit Salz gewürzt serviert.

Kinderfreundliche Strände

Kinderfreundliche Strände

Strände für jeden Geschmack

Der Gardasee besteht aus zwei großen Becken: Der Alto Lago, der obere See, macht den schmalen Nordteil aus und gehört allen drei Regionen: Venetien, Lombardei und Trient. Den Basso Lago, den weitaus größeren südlichen Abschnitt, teilen sich nur noch die Lombardei (im Westen) und das Veneto (im Osten). Der nördliche Teil ist bei Seglern und Surfern wegen der guten Windverhältnisse beliebt, die Strände sind – mit Ausnahme der neu aufgeschütteten Strände von Riva und Torbole sowie Limone – schmal und fallen schnell ab. Familien mit größeren Kindern lieben die Strände von Riva und Limone, vor allem wegen des großen Auslaufs. Familien mit kleineren Kindern ziehen den südlichen Teil des Gardasees vor, denn der Einstieg ist flach und hier gibt es auch die meisten Campingplätze und Apartmentanlagen. Noch ein Wort zum Thema flacher Einstieg: Was viele Urlauber von Meeresstränden gewohnt sind, zehn, zwanzig Meter seewärts waten, das Wasser nur bis über die Knöchel, für kleine Kinder ein gefahrloser Spielplatz, das ist an Binnenseen selten. Am Gardasee, auch im Süden, hat man vielleicht zwei, drei Meter vom Wasser umspielten Kiesstrand, dann geht es schon abwärts, nicht abrupt, aber die Wasserratten müssen ab hier schon schwimmen können.

Der Gardasee hat von Natur nur Kiesstrände wie hier bei Brenzone

Kinderfreundliche Strände

Enten füttern verboten

Überall am See sind Stockenten zu sehen – und die Kinder wollen die zutraulichen Vögel natürlich gleich mit etwas Brot füttern. Doch dies ist verboten. Früher lebten die Enten wild, durch Kreuzungen mit gezähmten Enten haben sie ihre Scheu vor den Menschen verloren. Jetzt werden die Wasservögel übermäßig und unnatürlich gefüttert, durch Vitaminmangel werden sie krank, außerdem tritt Überbevölkerung ein. Enten in großer Anzahl übertragen Krankeiten und Parasiten leichter, einige davon sind auch auf den Menschen übertragbar. Manche Gemeinden verhängen sogar hohe Strafen bei verbotener Fütterung. Also, lieber nur anschauen und sich so an den Tieren erfreuen.

GANZ SCHÖN VIEL KIES RUND UM DEN SEE

Mit einer künstlichen Ausnahme bestehen alle Strände aus Kies. Die Gemeinden haben die meisten Badeplätze durch Aufschüttung von Kies sowie durch den Bau von Molen und kleinen Brückenköpfen erweitert. In der Südwestecke des Sees gibt es wenig größere Strände, in den Urlaubsstädtchen des als Riviera des Gardasees bezeichneten Uferabschnittes begann der Tourismus schon im 19. Jahrhundert, entsprechend stehen hier die älteren, renommierten Hotels der gehobenen Klasse.

Bei der Auswahl der schönsten Strände wurde darauf geachtet, dass sie nur wenig vom Verkehr belästigt sind. Aus diesem Grund fehlt die gesamte Strecke südlich von Torbole über Malcesine, Brenzone bis Torri. Hübsch anzusehen, hat man hier immer wieder kleine Halbinselchen aus Kies, mit großen Steinen vor Wellen geschützt, neu geschaffen oder vergrößert. Jedoch liegen die Unterkünfte jenseits der Straße, es sind nur wenig Parkplätze vorhanden und die Belästigung durch den vor allem im Sommer dichten Verkehr, Lärm und Auspuffgase, ist enorm.

WASSERQUALITÄT UND PARKPLATZSUCHE

Ebenfalls werden all die Strände nicht aufgeführt, bei denen die Wasseruntersuchungen in den letzten zwei Jahren Beanstandungen ergaben und die zeitweise von der örtlichen Behörde geschlossen wurden. Basis dieser Beurteilung sind die im Auftrag des ADAC vom Institut für angewandte Wasserbiologie (Konstanz) durchgeführten Wassermessungen. Zwei Ausnahmen haben wir wegen ihrer Besonderheiten gemacht: beim Sandstrand La Quercia in Lazise und beim sportlichen Lido in Padenghe. Ob sich die Situation der Wasserqualität verbessert hat, erfährt man aktuell beim ADAC (siehe Kasten S. 36).

Noch ein Wort zum Parken: Das Vergnügen wird größer, wenn die Familie schon am frühen Vormittag den Strand ihrer Wahl aufsucht, denn fast überall sind Parkplätze rar. Am ehesten bekommt man auf den zu den Campingplätzen gehörenden Stränden freie Plätze. Zwar bezahlt man dann Eintritt, kann aber auch die Einrichtungen des Zeltplatzes nutzen.

Nutzung sanitärer Einrichtungen

Stehen in der Nähe eines öffentlichen Badestrandes Hotels, Bars oder Restaurants, sind diese verpflichtet, den Badegästen Zugang zu ihren sanitären Einrichtungen zu ermöglichen. Manche Bars verwahren den Schlüssel an der Kasse; die gelegentlich geäußerte Meinung, nur ihre Gäste, die ein Getränk oder einen Snack verzehrten, dürften die Toiletten besuchen, widerspricht den Anordnungen. Bei Campingplätzen besteht diese Verpflichtung nicht.

Kinderfreundliche Strände

Ingenieure am Werk: Kiesdämme ziehen statt Sandburgen bauen

Riva, Spiaggia Sabbioni und Spiaggia dei Pini

Den schönsten Strand im Norden hat Riva geschaffen. Rund zwei Kilometer ziehen sich die Spiaggia Sabbioni und die Spiaggia dei Pini von West nach Ost. Abwechselnd tief ist die Liegefläche, man hat auf Begradigungen verzichtet, Landschaftsgestaltung betrieben.

Gepflegte Wiesen laden zum Ausruhen ein, viele Bäume spenden Schatten, überall stehen Schaukeln und Wippen, für sportliche Typen zieht sich ein Fitness-Parcours an den Stränden entlang. Der Einstieg ist kindergeeignet, die Anlage wird gut gepflegt, die Wasserqualität hat Note 1. An fünf Stellen wurden Posten der Wasserwacht eingerichtet, die für sicheres Baden sorgen.

Kinderfreundliche Strände

Öffentliches Schwimmbad

Riva und Arco verfügen über öffentliche Schwimmbäder, in denen im Sommer auch Schwimmkurse und Wassergymnastik angeboten werden – eine gute Alternative zum Strandleben.
Riva Sport Centre, Viale dei Tigli 40, Erwachsene Lit. 10 000, Kinder von 3-14 Jahren Lit. 7000, nach 16 Uhr 25 % Nachlass. Arco, Vorort Prabi, Erwachsene Lit. 8000, Kinder von 3-14 Jahren Lit. 4000, von 17-19 Uhr alle Lit. 4000. Wochenkarten kosten für Erwachsene Lit. 39 000, für Kinder Lit. 18 000.

Ein romantischer Lagunenabschnitt mit Verstecken für Boote und Holzbrückchen verbindet beide Strandabschnitte miteinander. Tretboote können gemietet werden, zwei Surfschulen haben hier ihr Revier, es gibt Buden für Eis und Snacks. Ein großer Vorteil: Die Stadt liegt gleich hinter dem Vergnügen und der Eintritt ist frei.

Lage: Beide Strände liegen im Ostteil der Stadt hinter dem Viale Rovereto und dem Parco Miralago, sie werden im Osten vom Jachthafen, dem Porto San Nicolò begrenzt.
Von der Stadtseite her sind die Strände über mehrere Wege zu Fuß erreichbar. Günstige Parkplätze liegen an den Giardini Porta Orientale und am Jachthafen.

Torbole, Lido Blu

Wenn der Wind einmal Pause macht, liegen die Bretter mit den bunten Segeln auf dem Kies, wer nicht surft, muss sich einen Liegeplatz am Rande des Reviers suchen. Es sei denn, man wartet, bis der Wind wieder weht und die Surfkurse beginnen. Dann macht es auch den Zuschauern Spaß, am Rande des Sees zu sitzen und dem bunten Treiben zuzuschauen, zu schmunzeln, wenn die Anfänger bei jedem Windstoß ins Wasser fallen.
So findet man in Torbole auch meistens Familien, aus deren Mitte einer oder eine mit dem Brett über den See flitzen möchte. Da macht es dann auch nichts aus, wenn beim Transport der auf dem Land etwas unhandlichen Sportgeräte der Mast den Kopf eines Zuschauers streift. Wer das alles vermeiden möchte, sollte lieber weiter westlich an Rivas Strand sein Badetuch ausbreiten. Torbole ist schließlich das Zentrum der Surfer. Ein etwa 300 Meter langer, bis 30 Meter tiefer Kiesstrand zieht sich vor dem Urlaubsort

Wo Bademeister wachen

Am Trentiner Ufer (Riva, Torbole) sind an den Stränden Erste-Hilfe-Stationen mit Bademeistern und Rettungsschwimmern eingerichtet (spiagge sicure).
An den zu Verona und Brescia gehörenden Stränden konnte man diesem Beispiel noch nicht folgen. Die Gemeinden haben Badeplätze privat verpachtet, der Pächter, der Eintritt verlangt, sollte laut Vertrag einen Bademeister anstellen. Doch wie auch bei Hotels mit Pool und Campingplätzen wird diese Anordnung häufig umgangen.

Kinderfreundliche Strände

Während die einen surfen, genießen die anderen das faule Strandleben

von Nordwest nach Südost. Nach hinten wird er von Campingplätzen und von verschiedenen Surfschulen abgeschlossen. Es gibt keinen Schatten, aber viel regelmäßigen Wind, das große Plus in dieser Ecke. Die Wasserqualität bekam Note 1. Freier Eintritt.

Lage: Torboles Stadtstrand liegt südöstlich des Sarca-Flusses zwischen dem Fischerhafen und der Via Benaco. Zu Fuß erreichbar über die Via Pasubio oder die Via al Cor. Ein kleines Problem wird die Parkplatzsuche, es gibt nur einige Parkplätze entlang der Via Lungolago Verona.

Kinderfreundliche Strände

Garda/San Vigilio, Baia delle Sirene

Oben von der Straße aus ist die Traumbucht von Vigilio zu sehen, Segeljachten und Motorboote haben geankert, schaukeln im Wind. Das Wasser plätschert gegen einen gepflegten Strand, hinter dem eine große Terrassen-Wiese den Abschluss bildet. Sonnenschirme braucht man hier nicht, die Liegen stehen unter dichten Olivenbäumen. Der sicher schönste Strand des Gardasees liegt hinter der Punta San Vigilio zwischen Torri und Garda, die Baia delle Sirene. Die Schönheit der Bucht wird erhöht durch den 30 000 qm großen, terrassierten, gleichnamigen Park mit gepflegtem grünem Rasen und etwa 500 Olivenbäumen. Der Kiesstrand ist ca. 200 Meter lang, er fällt leicht ab. Für die Kleinsten gibt es einen Spielplatz mit Personal, das sich um die Kinder kümmert. Kabinen, WCs und Duschen sind vorhanden, ebenso Kiosks mit Eis, Fastfood und größeren Mahlzeiten sowie Tische für Picknick. Wasser, Strand- und Parkanlage bekamen Note 1.

Lage: 2 km nördlich von Garda unterhalb der Gardesana Orientale. Links der Straße an der Einfahrt zur Punta San Vigilio ein bewachter Parkplatz (Gebühr freiwillig), 100 Meter weiter rechts ein unbewachter Platz.

Eintritt: Erw. Lit. 14 000, Sa/So Lit. 16 000, ab 16 Uhr Lit. 10 000, Kinder von 3-12 Jahren Lit. 8000, ab 14 Uhr Lit. 6000, ab 16 Uhr gratis.

Idylle pur: die Baia delle Sirene bei Garda/ San Vigilio

Kinderfreundliche Strände

Torri, Sbocco Valle Randina

Der Strand liegt am Rande der Stadt und doch recht günstig, um schnell mal um die Ecke zu laufen, ein Eis oder eine Pizza zu besorgen. Die Ecke bei Torri ist auch recht windstill, was viele Gäste schätzen. Weil ein kleines Rinnsal im Norden von Torri del Benaco in den See fließt, heißt der Strand dort Sbocco – was Mündung bedeutet – Valle Randina.

SCHÖNER KIESSTRAND

Auf etwa 250 Meter Länge wurde grober Kies aufgeschüttet, der Strand ist an den meisten Stellen sechs Meter tief, zwei größere Flächen wurden durch in den See gebaute Molen geschaffen. Die Gardesana Orientale geht im Norden vom Strand weg, der Lärm wirkt sich hier kaum aus. Ein Badesteg ist vorhanden, eine Strandbar mit WCs und Kabinen. Es gibt jedoch keinen Schatten. Der Einstieg ist nur drei Meter weit flach, dann kommt eine Stufe ins tiefere Wasser. Die Wasserqualität erhielt Note 1. Der Eintritt ist frei.

SPIELSPASS FÜR KIDS

Hinter dem Strand, im Garten des Hotels Baia dei Pini befindet sich eine Windsurfschule mit Mountainbike-Verleih. Ganz in der Nähe warten auf die Kids ein großer Kinderspielplatz und eine Boccia-Bahn.

Lage: Am nördlichen Ende der Stadt unterhalb der Gardesana Orientale, von der Stadt aus am Ufer entlang zu Fuß erreichbar. Von der Hauptstraße führt auch ein Fußweg am Hotel Baia dei Pini vorbei zum Strand. Ein sehr großer Parkplatz liegt am anderen Ende beim Castello, das Auto kann also problemlos abgestellt werden. Und der Weg, vorbei am kleinen Fischerhafen und durch die Gassen der Altstadt, ist ebenfalls nicht weit.

Garda, Spiaggia Cavalla

Das Ufer zwischen Garda und Bardolino ist nicht nur eine Perlenkette unterschiedlicher Strände, sondern vor allem eine Flaniermeile, ein Uferweg für Spaziergänger, Radfahrer und Familien mit Kinderwagen. Man schlendert am See entlang und lässt sich nieder, wo es gefällt.

In Garda wurde hart gearbeitet, um am südlichen Ende der Stadt den Cavalla-Strand, die Spiaggia Cavalla, zu schaffen. Die Straße liegt weit oberhalb des Ufers, von Lärm keine Spur. Ein breiter Weg für Fußgänger und Radfahrer erschließt den Strand, der etwa zehn Meter tief ist, auf 200 Meter Länge aufgeschütteter Kies, zum Wasser hin abgemauert. Ins Wasser kommt man mittels Eisenleitern. Kabinen, WCs und eine Strandbar sind vorhanden, Schatten findet man hier allerdings nicht.

Im zweiten Abschnitt, südlich anschließend, wieder eine 100 Meter lange, aber bis zu 30 Meter tiefe, künstlich geschaffene Kiesfläche. Hier gibt es eine Strandbar mit Toiletten und Kabinen, auch etwas Schatten unter Maulbeerbäumen.

Die meisten Ufer sind leicht abfallend, also auch für kleine Kinder bestens geeignet

Kinderfreundliche Strände

Lungolago, zwischen Garda und Bardolino

Wer an der gemauerten Strandfläche keinen Gefallen findet, sollte mit Sack und Pack den Weg nach Süden, also Richtung Bardolino weiterschlendern. Man kommt dann in ein Naturschutzgebiet mit vielen Schilfflächen, in denen Tauchenten nisten. Dazwischen gibt es Liegewiesen, von denen es über eine kniehohe Böschung ins Wasser geht, wo Enten und Schwäne zum Ergötzen der Kinder zwischen den Badenden schwimmen.
In der Fortsetzung folgen auf der linken, der Gardesana zugewandten Seite einige Campingplätze, für deren Gäste zwei von drei Badestegen reserviert sind.
Auf der etwa zweieinhalb Kilometer langen Strecke im Naturschutzgebiet – der Uferabschnitt heißt in Bardolino Lungolago Nord – spenden Maulbeerbäume, Hängeweiden und Pinien immer wieder Schatten.

Erfrischung am Lungolago

Wer die schön gestaltete Promenade von Garda nach Bardolino entlangschlendert, vielleicht auf der Suche nach einem geeigneten Badeplatz, wird unweigerlich dem Strandrestaurant Sirena begegnen. Es liegt direkt am See und bietet leckere Eissorten, etwa »After eight« mit Pfefferminzgeschmack und großen Schokoladestücken. Auch schmackhafte Mix-Drinks und Pizza werden angeboten.
Sirena, Lungolago Bardolino-Garda, Tel. 045-721 15 46.

Ein Bierchen mit Knabbereien

In touristisch frequentierten Orten werden die zu einem Glas Wein oder Bier üblichen Schälchen mit Knabbereien gerne eingespart. Eine löbliche Ausnahme ist da eine frühere Osteria, jetzt Bar und Cafeteria im Zentrum Bardolinos, wo auch die Einheimischen gerne einkehren. Nach einem Strandtag mit Spiel und Spaß für die Kids trinken die Eltern hier sicher gern ein Glas Bier:
Alla Vecchia Osteria, Piazza Betteloni 18, Bardolino, Tel. 045-621 07 37.

WASSER: NOTE EINS!

In Abständen kommen mehrere Strandrestaurants. Vor dem Campingplatz Serenella (siehe S. 125) liegt eine Station für Wasserski und Paragliding.
Den vielen Familien mit Kinderwagen, Picknickkörben und Kindern jeden Alters nach zu urteilen, erfreut sich dieser naturbelassene Abschnitt größter Beliebtheit.
Auch die Wasserqualität erhielt trotz Enten und Schwänen Note 1. Überall freier Eintritt.

Lage: Zwischen Garda und Bardolino. In einer der zwei Städte parken und dann zu Fuß auf dem Lungolago entlangmarschieren, bis ein Uferabschnitt kommt, der allen gefällt.
In Garda gibt es oft Parkplatzprobleme, auch Bardolino hat diesen Mangel noch nicht zur Zufriedenheit aller beseitigen können.

Kinderfreundliche Strände

Lazise, La Quercia

Der einzige Sandstrand dieses oberitalienischen Gewässers, südlich von Lazise, gehört zum Campingplatz La Quercia (siehe S.126) und wurde künstlich angelegt, die feinen Körner mit Lastwagen herbeigeschafft. Um der gesetzlichen Forderung, dass der Strand allen gehört, ansatzweise nachzukommen, dürfen Gäste von draußen für eine Stunde den Sand kostenlos genießen, danach kostet es Eintritt. Knapp 400 Meter lang ist der Sandstreifen, bis 15 Meter tief, hat einen relativ sanften Einstieg, erst nach etwa vier Metern abfallend. Eine Tretboot-Vermietung ist vorhanden, die Restauration, der Pool und die sanitären Anlagen des Campingplatzes können von den Strandgästen mitbenutzt werden. Es gibt nur wenig Schatten. Der Strand ist etwas Besonderes. Bei der Wasserqualität gab es allerdings Beanstandungen, also lieber die ADAC-Service-Nummer anrufen (s. Kasten S. 36).

Lage: Am südlichen Ende von Lazise Richtung Peschiera, Beschilderung »La Quercia« – leicht zu übersehen!

Eintritt: Gäste von draußen müssen Pass oder Führerschein bei der Kontrolle hinterlegen. Für eine Stunde freier Eintritt, danach wird die Tagespauschale fällig: Erw. Lit. 14 000, Kinder von 5-12 Jahren Lit. 9500. Wer den Tagespreis bezahlt, kann selbstverständlich auch die Campingeinrichtungen benutzen wie Schwimmbad, Kinderbecken, Spielplatz, Restaurants und sanitäre Anlagen.

Peschiera, Spiaggia Cappuccini

Völlig neu gestaltet wurde im Westen von Peschiera der Strand Cappuccini, gleichzeitig eine schöne Uferpromenade (Cappuccino = Kapuziner, so genannt wegen der hellen Platte auf dem Kaffee). Am Anfang liegt ein etwa 100 Meter langer, 10 Meter tiefer Kiesabschnitt, der Einstieg hier ist flach, aber sehr steinig. Nach einer kleinen Liegewiese folgen noch einmal 500 Meter Kiesstrand. Ein Badesteg ist vorhanden, ebenso eine Strand-Cafeteria. Es kann aber auch die Restauration des Campingplatzes Bella Italia (siehe Seite 126) benutzt werden. Etwas Schatten bieten die Bäume der Parks. Sie gehören zu den am Rande liegenden Campingplätzen. Die Wasserqualität dieses Strandabschnitts wurde in Kategorie 1 eingestuft. Freier Eintritt.

Lage: Aus der Ortsmitte kommend immer am Ufer entlang nach Westen fahren. Rechtzeitig Ausschau halten, denn die Parkplätze entlang der Straße sind knapp.

Pizza am Mincio

Baden macht hungrig! Und so wird die Familie nach einem sonnigen Tag am Strand sicher gern die nächste Pizzeria ansteuern. Recht gemütlich sitzt man in Peschiera am Uferweg des Mincio-Flusses, gegenüber der alten Backsteinbrücke. Ein weiteres Plus: Auch die Preise sind moderat. Pasta gibt es ab Lit. 8000, eine Pizza bekommt man schon ab Lit. 7000. La Vela, Viale P. Cordigero (am Ende der Ufergasse), Tel. 045-755 35 71.

Kinderfreundliche Strände

Sirmione, Lido Punta Gro

Früher gehörte der Lido Punta Gro zur (deutschen) Feriensiedlung gleichen Namens. Nachdem per Gesetz die Öffnung der Strände für die Allgemeinheit angeordnet wurde, kann jetzt jedermann mit Kind und Kegel durch die Siedlung zum Lido fahren, der über einen Bootssteg verfügt. Die große Überraschung neben dem etwa 300 Meter breiten Kiesstrand sind die großen Liegeflächen, auf einer Seite ein ausgedehnter, schattiger Pappel-Park, unter dem es sich die Familien mit Campingtischen und -stühlen gemütlich machen. Auch in saisonalen Stoßzeiten finden die Kinder hier genügend Auslauf für ihre Spiele. Ein Strandrestaurant ist vorhanden, Umkleidekabinen und WCs; Liegen und Tretboote können gemietet werden. Wasserqualität: Note 1.

Lage: Von Peschiera kommend vor Sirmione, Ortsteil Santa Maria di Lugana. Viale G. Verdi vor dem Hotel/Pizzeria Dogana in Richtung See. Parkplätze an den Straßen.

Segeln hat eine lange Tradition am See

Rivoltella, San Francesco

Zwischen Sirmione und Desenzano liegt der Ort Rivoltella mit dem bei Campern beliebten Campingplatz San Francesco (siehe S. 126). Der gleichnamige, etwa 400 Meter breite, unterschiedlich tiefe Kiesstrand ist durch einen Bach getrennt, mehrere Molen bilden kleine Buchten. Eine schmale Liegewiese mit Schatten gehört dazu und ein Badesteg, Tretboote können gemietet werden. Wie in anderen Fällen wurde auch hier für die Öffentlichkeit ein Kompromiss gemacht, s. Eintritt.

Lage: Auf der SS 11 zwischen Sirmione und Desenzano bei Kilometer 268 seewärts fahren, ausgeschildert. Vor dem Campingplatz gibt es einen Parkplatz.

Eintritt: Gäste von draußen können gegen Hinterlegung eines Dokuments an der Kontrolle zum Strand gehen. Für eine Stunde ist der Eintritt frei, danach wird die Tagespauschale für Gäste fällig: Lit. 14 000, Kinder bis 6 Jahre frei. Wer den Tagespreis bezahlt, hat außerdem die Möglichkeit, die schöne Poolanlage zu nutzen, natürlich ebenso die sanitären Anlagen und das Restaurant.

Erste Berührung mit dem nassen Element - doch lieber an Papas Hand!

Kinderfreundliche Strände

Padenghe, Lido della Rocchetta

Am Wochenende wird es schon sehr eng an diesem vom Straßenlärm weit entfernten Strand. Rund 200 Meter zieht sich der Kiesstrand am Ufer entlang, 25 Meter tief ist er, sieben Betonmolen unterbrechen ihn, zwei Badestege führen ins Wasser, der nördliche Rand ist mit Schilf bewachsen. Der Einstieg ist schnell abfallend, für kleine Kinder also weniger geeignet. Es gibt keinen Schatten. Ein Restaurant steht am Strand, für die Jugend und jung gebliebene Erwachsene ein Sporting Club für Wasserski, Windsurfen und Tauchkurse. Auch ein Volleyballplatz wurde angelegt. Kanus und Tretboote werden vermietet, Wassermotorräder und ohne Führerschein zu fahrende Motorboote, ebenso Liegen und Schirme. Toiletten sind vorhanden. Eine schöne Anlage, im Südwesten des Sees die größte und aktivste. Eintritt frei. Zeitweise gab es Beanstandungen bei der Wasser-

Information über Wasserqualität

Wer über die aktuelle Wasserqualität Informationen einholen will, kann das schon in Deutschland über den ADAC-Sommerservice (Tel. 0180-523 22 21) tun oder am Gardasee bei der Comunità del Garda in Gardone Riviera (Tel. 0039-03 65-29 04 11), wo die zuständige Dame in Deutsch Auskunft gibt. Beim ADAC wird per Band über die aktuell gesperrten Strände informiert, also Bleistift und Zettel bereitlegen.

qualität, also vorher die ADAC-Service-Nummer anrufen (s. Kasten).

Lage: Am nördlichen Rand von Padenghe, gut ausgeschildert. Wenige Parkplätze über dem Strand, oben jenseits der Hauptstraße gibt es einen freien Parkplatz.

Porto Torchio, Spiaggia Porto Torchio

Nach Manerba, kurz vor San Felice, geht die Straße seewärts ab nach Porto Torchio. Wie der Name sagt, gibt es hier einen Fischerhafen und daneben den Kiesstrand gleichen Namens, etwa 400 Meter lang, 15 bis 25 Meter tief, kein Schatten. Das Wasser ist leicht abfallend, ein Badesteg ist vorhanden, ebenfalls ein Restaurant. Tretboote, Motorboote und Kanus werden vermietet, auch Liegen und Kabinen mit Dusche. Die Wasserqualität gehört zur Kategorie 1. Auf dem Weg zur Halbinsel Breda kommt man an einer Liegewiese mit Kinderspielplatz vorbei, an der Halbinsel ziehen sich

Seenotrettungsdienst

Seit 1999 gibt es am Gardasee einen besonders ausgerüsteten Seenotrettungsdienst. Rund um die Uhr steht eine schnelle Einsatztruppe mit einem unsinkbaren Rettungsboot bereit. Der Notdienst in Bogliaco (Gargnano) kann innerhalb kürzester Zeit die nördlichen und südlichen Bereiche des Sees erreichen. Kostenfreie Telefonnummer für Notfälle: Tel. 167-09 00 90 für Festnetz- und Mobiltelefone, 15 30 für fest installierte Telefonapparate.

Kinderfreundliche Strände

Campingplätze entlang. Man kann auf schmalem Pfad bis zur Spitze entlang gehen und sieht dann in kurzer Entfernung das Inselchen San Biagio. Man könne hinüberwaten, das Wasser bis über die Knie, sagen die Einheimischen. Doch der Untergrund ist hier steinig, es ist besser, für einen Inselausflug ein Tretboot am Hafen zu mieten oder sich von einem Boot rüberfahren zu lassen (einfache Fahrt Lit. 2000).

Lage: Auf der Straße SS 572 nach Manerba, kurz vor San Felice zum See abzweigen, dann immer der Beschilderung »San Biagio« folgen, die zum Hafen führt. Gebührenpflichtiger Parkplatz (pro Tag Lit. 6000, nachmittags Lit. 3000).

Limone, Spiaggia Comunale

Oben führt die Straße entlang, doch unten am Stadtstrand von Limone ist davon nicht viel zu spüren, höchstens am stadtnahen Ende, wo die Fahrzeuge kurven, um einen Parkplatz zu finden. Ein kleiner Bach unterbricht die Spiaggia Comunale, den mehr als einen Kilometer langen Kiesstrand von Limone. Er ist bis zu 15 Meter tief, bietet allerdings kaum Schatten. Ein Restaurant ist vorhanden, ebenso Duschen und Toiletten, Tretboote können gemietet werden. Die Wasserqualität erhielt die Note 2, der San Giovanni-Bach trübt nach Regenfällen das Wasser. Die kleine Anlegestelle, die 1999 am Strandende Richtung Stadt gebaut wurde, ist für Notfälle gedacht: Falls wieder einmal Erdrutsche die Straße zwischen Riva und Limone verschütten, kann von hier aus die Verbindung mit dem Ostufer und Riva aufgenommen werden. An dieser Stelle beginnt auch die Uferpromenade zur Stadt, dort reihen sich die Eisdielen und Restaurants dicht aneinander.

Lage: Von Riva auf der Gardesana Occidentale kommend am Ende, von Gargnano kommend am Anfang des Ortes. Hinweise zum gebührenpflichtigen Parkplatz, der vor dem Stadtstrand liegt.

Ob groß, ob klein – alle lieben das nasse Vergnügen

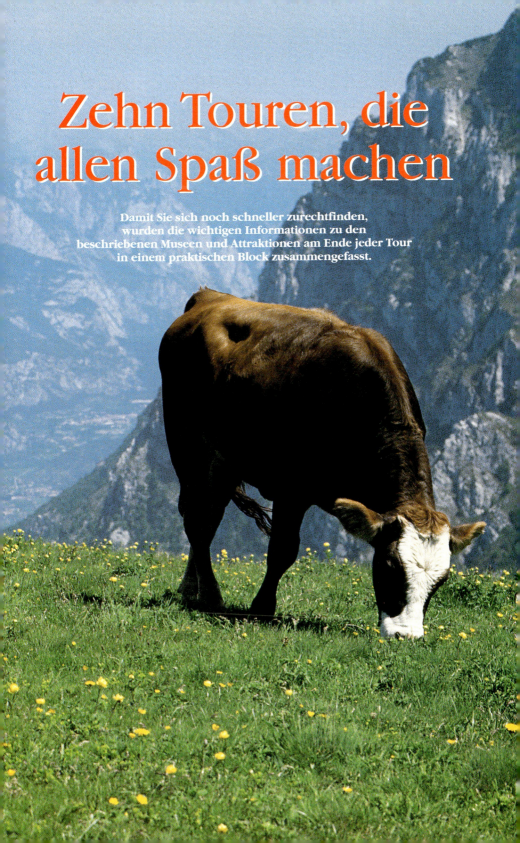

Zehn Touren, die allen Spaß machen

Damit Sie sich noch schneller zurechtfinden, wurden die wichtigen Informationen zu den beschriebenen Museen und Attraktionen am Ende jeder Tour in einem praktischen Block zusammengefasst.

Zehn Touren, die allen Spaß machen

Tour 1: Geologische Dramatik im Norden

Arco • Riva • Torbole • Limone

Wo: im Norden mit Arco und Riva, Torbole und Limone - Wie: mit Auto oder Bus und Boot - Dauer: Halbtagestour - Nicht vergessen: Fernglas, evt Badesachen

Dieser Ausflug geht um Millionen Jahre zurück, in die Zeit der Entstehung des Gardasees. Wir sitzen oben auf dem Burgfelsen Arco und erleben im Geiste die einstige Gletscherwelt, die allmählich schmolz und das Gardabecken füllte. Dann schauen wir uns die von Eiskanten und Steinen geschliffenen Kalksteinfelsen von unten an, von Riva und Torbole aus, und nehmen bei der Bootsfahrt nach Limone das gewaltige Naturtheater noch einmal in uns auf. Als Abschluss der Tour bietet sich – sehr zur Freude der Kids – ein Strandnachmittag an den Stränden von Riva oder Limone an.

STOPP IN ARCO

Um das geologische Erlebnis richtig nachvollziehen zu können, beziehen wir ein paar Kilometer nördlich des Sees, hoch über **Arco**, auf der Burg Stellung. Es wird schwierig sein, die sanierte Altstadt, eine Mischung aus Renaissance und südtirolischem Alpenstil mit weit vorkragenden Dächern, schnell zu durchstreifen. Da steht zuerst die Pfarrkirche **Santa Maria dell'Assunta** aus dem 17. Jahrhundert im Weg, geschmückt mit Bildern einheimischer Künstler und der individuellen Orgelempore, die nicht mit den üblichen Putten, sondern mit ehrenwerten Bürgern der Stadt dekoriert wurde. Dann verlangt der Palazzo Marchetti (1550) einen Stopp, es kostet Zeit, unter dem vorkragenden Dach die vielen Götter und Helden, Nymphen und Teufel zu bestimmen, auf den Dächern hübsche venezianische Kamine.

Hinter der Kirche, an der Piazza III Novembre, gibt es schon Wegweiser auf die **Burg (Rocca)**, etwa 20 Minuten Fußmarsch werden verlangt. In der restaurierten Burgruine, einer lange Zeit uneinnehmbaren Festung, die Albrecht Dürer 1495 als kleines befestigtes Dorf malte, sollte man jedenfalls den Saal der Fresken (Ende 14./Anfang 15. Jh.) mit Gemälden spielender Damen und Ritter besuchen. Dann gilt es, einen erhöhten Platz auf der Burg zu ergattern, um den Exkurs über die Geologie des Gardasees zu begreifen, ein dramatisches Geschehen aus der Zeit der Gestaltung Europas.

DAS GROSSE MEER UND DIE ALPENFALTUNG

Mit dem Blick nach Süden, über Arco hinweg zum See, bekommen wir das richtige Gefühl für die Kraft der Schöpfung. Vor 70 Millionen Jahren lag da unten noch ein Meer, die Thetys, das bis zu unseren Fußspitzen auf der Burg reichte. In den Tiefen des Wassers lebten Ammoniten, Rochen, Haifische, Schildkröten und allerlei Kriechtiere. Von den Bergen wurde Geröll abgetragen, das unter dem Wasser Gebirge bildete.

Wir blicken zurück. Hinter uns ragen die Ausläufer der Alpen in den Himmel. Sie entstanden bis vor rund 50 Millionen Jahren durch den Druck der afrikanischen auf die eurasische Kontinentalplatte, das Land wölbte sich hoch, Alpenfaltung sagen die Fachleute dazu. In das südlich der Alpen verbliebene Meer, ein breiter Meeresarm zwischen Alpen und Apennin, ergoss sich wiederum ewige Zeiten

Zehn Touren, die allen Spaß machen

Fossilien wie dieser Ammonit sind mancherorts in den Straßenpflastern zu finden

lang Erosionsmaterial, von Wind und Regen abgetragenes, zerkleinertes Gestein. In diese Schichten legten sich Meerestiere; Austern- und Seeigelbänke wurden zugeschüttet. Der Druck des Meeres und wieder zufließender Geröllmassen härtete die Schichten zu Gesteinen.

MEERESBODEN AUF DEN BERGEN

Den Faltungen und Aufwerfungen folgten starke vulkanische Tätigkeiten, die den Druck erhöhten, den Meeresboden nach oben hoben, der heutige Bergspitzen bildete. Felsen wurden deformiert und zerrissen, zwischen Kalkgestein schoben sich Schichten von Tuff, Lava floss aus den Spalten und mischte sich mit Urgestein.
Vor 40 Millionen Jahren war die Kraft des Magmas, die Bildung vulkanischer Ausbrüche erloschen. Nun rieselten wieder von Regengüssen und Stürmen losgelöste Sedimente in das Meer, vermischten sich mit Myriaden kleinster Meeresbewohner wie Korallen, Weichtiere und Moostierchen. Sie alle wurden eingeschlossen, in Stein verwandelt und begegnen uns heute als bewundernswerte Fossilien bei Wanderungen oder im Museum.

DER GEKIPPTE MONTE BRIONE

Von der Burg Arco aus sieht man den schrägen Felsen, den Monte Brione (376 m) zwischen Riva und Torbole. An seinen weißen, bloßgelegten Seiten ist deutlich seine Schieflage zu erkennen, die vor Millionen Jahren gebildeten Schichten liegen nicht mehr waagerecht. Schaut man dann auf die größ-

Zehn Touren, die allen Spaß machen

Mehr als 50 Sorten Eis

Gleich gegenüber der Boots-Anlegestelle in Riva, an der Piazza Catena, liegt eine empfehlenswerte Eisdiele. Mehr als 50 Sorten stehen zur Auswahl. Wer etwas warten kann, bekommt auf der anderen Seite, am Ende des Parks, Richtung Sabbioni-Strand, größere Portionen fürs gleiche Geld. Dolce Freddo, Piazza Catena 11, Riva del Garda, Tel. 0464-55 38 44.
Gelateria Punta Lido, Viale Gesué Carducci 10, Riva del Garda, Tel. 0464-52 13 14.

tenteils grünen Ausläufer des Baldo-Massivs im Osten, ist an den blank liegenden Stellen des Gebirgstocks eine ähnliche Senkung zu beobachten. Das wilde Geschehen während der Urzeit ließ die Berge einseitig absacken, ganz im Gegenteil zu den hohen Felszügen im Westen, wo das bis zu 1540 Meter hohe Gebirgsmassiv Rocchetta mit horizontalen Sedimentlinien von Riva aus hochsteigt.
Vor 15 bis 6 Millionen Jahren zog sich das Meer zurück, riesige Gebirge standen in einer dichten Salzlake. Erst vor 5 Millionen Jahren füllte sich das Mittelmeer-Becken durch die geborstene Gibraltar-Sperre. Das Klima brachte sintflutartigen Regen, in den durch Aufwerfungen und Berstungen gebildeten Schluchten tobten wilde Bäche und bohrten sich tief in den Fels.

MIT EIS BEDECKT

Doch vor rund 500 000 Jahren, mit Beginn der Eiszeiten, ließ drastische Kälte die Gewässer erstarren, Gletscher schoben sich von den Alpen nach Süden. Alles was von der Burg von Arco aus zu sehen ist, war mit Eis bedeckt. Die Massen der kantigen Eisbänke schrubbten und schabten an den Bergflanken entlang, glätteten weiches Gestein zu blanken Platten, rissen Widerstand bietende Felsen mit.
Diese Felsbrocken gruben Rillen in den Kalk, manche Findlinge blieben hängen, das nachschiebende Eis drehte die Steine, die sich in den Fels gruben, jeden Tag rotierten und allmählich ihre Kanten verloren, sich zu Kugeln formten, die weiter in ihrer selbst geschaffenen Grotte am Fels schmirgelten. Von der Burg aus unten links, also im Südosten, können wir das Gebiet von Nago erkennen. Dort haben die Gletschermühlen tolle Arbeit geleistet, sind die Marmite dei Giganti, die Giganten-Schüsseln, zu bewundern (siehe S. 114). Was nicht hängen blieb, das kleine Gestein und Schotter, wurde von den Gletschern ab Riva 52 Kilometer südwärts getragen und bildete dort wie ein Amphitheater die Moränenlandschaft, die vielen sanften Hügel, heute günstiger Untergrund für einen guten Wein.

Zitronen-Tradition

Zitronenanbau rund um Limone und Gargnano gibt es schon seit dem 13. Jahrhundert. Um vor Wind zu schützen und Wärme zu speichern, wurden die Limonaie gebaut, ein Pfostensystem, in das im Winter Holzdächer und Glasscheiben geschoben wurden. Geblieben ist die Verwendung der Zitrone zu verschiedenen Gerichten, ein Muss bei allen Fischrezepten. Eine noch funktionierende Limonaia ist die von Prato della Fame. Mit Führung. Eintritt kostenlos. Geöffnet: April-Okt Mi 10-12, Fr 15-17, So 10-12 Uhr, Nov-März Mi 10-12 Uhr.

Hinter Torbole türmen sich die durch Druck von unten gekippten Felsen

Zehn Touren, die allen Spaß machen

Goethe in Torbole

Johann Wolfgang von Goethe machte 1789 auf seiner »Italienischen Reise« zuerst in Torbole Station. Eine Tafel erinnert daran. Auf der Piazza Vittorio Veneto, über dem kleinen Säulenbrunnen des grünen Hauses Nr. 2, ist eine für den kleinen Urlaubsort wichtige Bemerkung des Dichterfürsten in Marmor gemeißelt: »Heute hab ich an der Iphigenie gearbeitet, es ist im Angesichte des Sees gut von statten gegangen.«

GLETSCHERSCHMELZE FÜLLT DEN SEE

Hier oben auf dem Burgberg hätten wir damals Schlittschuh laufen können, aber nur bis vor etwa 10 000 Jahren. Langsam zogen sich die Gletscher zurück. In den Bergen schmolz das Eis, und Wasser schoss durch Schluchten und Felsrisse abwärts, füllte die Senke zwischen den zwei Gebirgsmassiven im Osten und Westen.
Unterhalb der Burg ist die heute gemächlich fließende Sarca zu sehen, durch ihr Tal kam das meiste Wasser, das im Süden durch die Geröllhügel gestaut wurde.
Höher und höher stieg der Wasserspiegel, bis er endlich beim heutigen Peschiera einen Abfluss fand.

RUNDGANG DURCH RIVA

Von der Burg von Arco geht es nun im Auto oder Bus hinunter nach **Riva**. Riva beansprucht die Gegenwart, zeigt sich sauber und blumengeschmückt. Endlich werden auch die Autos umgeleitet, schon an der Bootsanlegestelle beginnt die Fußgängerzone, ohne Lärm und Gestank geht der Stadtbummel zunächst auf die mittelalterliche Torre Apponale, den mächtigen Uhrturm der Stadt, zu und über die Via Gazzoletti zur **Rocca**, der von den Skaligern im 12. Jahrhundert erbauten Wasserburg – anstelle einer römischen Festung errichtet.
Zahlreich und zumeist spektakulär gelegen sind die Burgen, die das mächtige Herrschergeschlecht rund um den Gardasee errichtet hat (siehe Kasten S. 48). Heute ist in der Rocca von Riva – im 18. Jahrhundert als österreichische Kaserne genutzt – das **Museo Civico** mit römischen und mittelalterlichen Funden sowie einer Gemäldesammlung italienischer Meister untergebracht. Man hat Riva schnell im Griff, kann sogar zwischen zwei Abfahrtszeiten der Linienboote einen Rundgang wagen.

TORBOLE – GOETHES ERSTE BEGEGNUNG MIT ITALIEN

Für den Weg nach **Torbole** wählen wir das Boot, denn vom See zeigt sich die Kulisse ungleich schöner.
Gleich taucht der schräge Monte Brione auf und hinter dem kleinen Hafen-

Bei kriechenden Schlangen

Lebendige Schlangen aller Art, Skorpione, Käfer, Spinnentiere – alles zum Gruseln oder um sich das Gruseln abzugewöhnen gibt's im Reptiland. Aber keine Angst, die Tiere befinden sich in ausbruchsicheren Terrarien.
Reptiland, Riva del Garda, Galleria Città di Riva, Piazza Garibaldi 1, Tel. 0464-55 69 77. Eintritt: Erw. Lit. 8000, Kinder bis 8 Jahre frei. Geöffnet: März u. Nov So 11-19, Ostern bis Ende Okt tägl. 13-19, Juli/Aug 11-20 Uhr

Zehn Touren, die allen Spaß machen

Die Torre Apponale, der mittelalterliche Uhrturm von Riva

städtchen weisen die anderen Felsen ebenfalls eine bedrohliche Schieflage auf. Hinter dem Haus, in dem Goethe im September 1786 wohnte, an der Piazza Vittorio Veneto, führt ein steiler Pfad hoch zu einem von den Gletschern abgeschliffenen Felsen. Wer Zeit hat, kann von oben noch einmal die Geschichte von der Entstehung des Gardasees nachvollziehen.

LIMONE – STADT DER ZITRONEN

Den besten Überblick auf die Szenerie der den See umrahmenden Berge, auf die Burg von Arco genießt man jedoch mit der Entfernung vom Nordufer auf der Bootsfahrt nach **Limone**. Das Urlaubsstädtchen zwingt den Blick weg von der Felsenszenerie auf seine ganz spezifischen Attraktionen: auf die vielen Zitronen-Gewächshäuser, die Limonaie. Vor dem Tourismus war die Limonenzucht Haupteinnahmequelle der Menschen zwischen Gargnano und Limone (siehe Kasten Seite 42). Einen guten Überblick über die Altstadt mit dem kleinen Hafen, die Uferpromenade und die am Berg hochkletternden Zitronengärten – im Winter wurden sie mit Fenstern verschlossen – bekommt man vom Platz der kleinen Kirche San Rocco aus. Von der Anlegestelle sind es nur wenige Schritte die Hauptgasse aufwärts. Den Kopf nach

Zehn Touren, die allen Spaß machen

oben gewandt, schon wieder Gletscherschliffe im steilen Fels, eine bis in die 30er-Jahre unbezwingbare natürliche Festung. Dann kamen die großen Steinbohrer und gruben sich in die aus dem Meer gehobenen Kalkfelsen, um die abenteuerliche Tunnelstrecke, die Gardesana Occidentale zu bauen.

Information Arco, APT,
Viale delle Palme 1,
Tel. 0464-51 61 61, Geöffnet: 9-12 und 15-18 Uhr, So geschl.
Santa Maria dell'Assunta, Arco,
Piazza III Novembre. 12-15 Uhr geschl.
Burg von Arco, Rocca.
Zu Fuß ab Piazza III Novembre, etwa 20 Min. Mit dem Auto Wegweiser »Rocca« folgen, Parkplatz unterhalb der Burg, 10 Min. Fußweg. Eintritt: Erw. Lit. 4000, Kinder bis 12 Jahre gratis, von 12-18 Jahren Lit. 2000. Geöffnet: April-Sept 10-19, Okt-März 10-16 Uhr.
Information Riva, APT,
Giardini di Porta Orientale 8,
Tel. 0464-55 44 44. Geöffnet: 9-12 und 15-18.15 Uhr, So geschl.
Burg von Riva, Museo Civico,
Eintritt: Lit. 8000, Kinder unter 18 Jahren frei, Geöffnet: Di-So 9-13, 14.30-19 Uhr.
Information Torbole,
Via Lungolago Verona 19,
Tel. 0464-50 51 77.
Information Limone, I.A.T.,
Via Comboni 15, Tel. 0365-95 40 70. Geöffnet: 9-12 u. 15-18.15 Uhr, im Sommer auch So und auch am neuen Parkplatz westl. der Gardesana Occidentale.

Strandleben in Torbole

Zehn Touren, die allen Spaß machen

Tour 2: Skaliger-Festung und Bergeroberung

Malcesine • Monte Baldo

Wo: Ostufer, obere Hälfte des Sees - Wie: mit dem Auto und zu Fuß - Dauer: Halbtagesausflug - Nicht vergessen: Picknickkorb

Dieser Tag wird besonders spannend, der erste Besuch gilt der Burg von Malcesine, wo unser Dichter Goethe einst festgenommen wurde. Dann schaukeln die roten Gondeln der Seilbahn hoch zum Monte Baldo. Dort spaziert man auf dem Panoramaweg zum nördlichen Ende des Bergzuges und genießt den wunderschönen Ausblick auf den oberen See und auf die Gletscher der Brenta-Gruppe. Unterwegs leuchten Blumen aus den saftigen Wiesen, eine gute Gelegenheit, Enzian, Aurikel oder Trollblume kennen zu lernen. Wer für eine längere Rast ein Picknick im Rucksack hat oder in einem der Restaurants essen, noch dazu bei den Kühen länger verweilen möchte, kann die Tour ohne Langeweile auf fast einen ganzen Tag ausdehnen. Mit Buggys ist die Tour möglich, in Malcesine gibt es aber viel Kopfsteinpflaster, auch oben auf dem Monte Baldo brauchen die ersten 100 Meter zum Panoramaweg kräftige Schiebearme.

SKALIGER-FESTUNG

Malcesine, von einer markanten Burg gekennzeichnet, liegt am Ostufer des Sees zwischen Torbole und Garda. Ob man sich der Stadt mit dem Auto oder mit dem Schiff nähert, immer fällt die urbane Struktur auf: Mit roten Ziegeldächern bedeckte Häuser schmiegen sich eng an die Skaliger-Festung, die auf einem mächtigen Felsen thront.
Autofahrer werden Schwierigkeiten ha-

Malcesine erinnert gern an seinen berühmten Besucher

ben, in der lebhaften Stadt einen freien Parkplatz zu finden. Am sichersten ist es, gleich den neuen, gebührenpflichtigen und bewachten Parkplatz zwischen Rathaus und Altstadtkern aufzusuchen. Man hat danach Mühe, dem Sog der zur Burg hochstrebenden Masse zu entkommen. Das wäre aber angebracht, denn in der Via Capitano del Porto 6-8 sind zwei Stationen wichtig: Zuerst die **Touristeninformation**, die eine Reihe interessanter Prospekte auslegen hat. Gleich eine Tür weiter schreitet man durch die Halle des **Palazzo del Capitano del Lago**, des Palastes des venezianischen, im Mittelalter für den See zuständigen Statthalters. Ehe man den Garten betritt, sollte der

Zehn Touren, die allen Spaß machen

Die Herrschaft der Skaliger

Die Familie della Scala – »Leiterträger« genannt nach dem Emblem ihres Wappens – herrschte 127 Jahre lang über Verona und damit am Ostufer des Gardasees. Wer gegen sie war, wurde ausgewiesen oder hingerichtet. Es floss Blut in Strömen, doch verhalfen die Herrscher auch der Kunst zu einer unübertroffenen Blüte. Sie errichteten zahlreiche Festungen, viele in spektakulärer Seenlage und mit interessanten Museen wie in Malcesine.

Hallendecke Aufmerksamkeit geschenkt werden. Dort macht sich ein witziger venezianischer Löwe in Siegerpose breit, steht mit hochgehobenem, geringeltem Schwanz vor der eroberten Burg Malcesines. Schließlich herrschte Venedig von 1405 bis 1797 über weite Teile des Ostufers. Vom hübschen Garten aus lässt sich der Blick auf den See und das Westufer genießen, kleine Jungen versuchen, auf der Mauer sitzend eine Gardaseeforelle, eine Schleie oder eine Trüsche an den Haken zu locken, auf den Bänken zwischen Palmen und bunten Blumenrabatten betrachten Besucher in aller Ruhe die mit Renaissance-Fenstern gestaltete Palastfassade.

WO GOETHE FESTGENOMMEN WURDE

Die Burg sollte dann über einen kleinen Umweg angepeilt werden. Der Vicolo Porto Vecchio führt zum alten Fischerhafen, an dessen breiter, ins Wasser gleitender Bootsrampe sich Enten und Schwäne sonnen. An der Ecke des Gässchens wird auf einer Steintafel an den kurzen Besuch Goethes erinnert, genauer an seine Gefangennahme durch die misstrauische Bevölkerung der Stadt am 14. September 1786. Der Hintergrund der Begebenheit: Malcesine war Grenzstadt zwischen dem venezianischen und dem österreichischen Herrschaftsgebiet. Goethe wollte am 13. September von Torbole in den südlichen Teil des Gardasees schippern, blieb aber wegen eines Sturms in Malcesine hängen. Auf der **Burg**, im **Goethe-Museum**, kann man anhand einer Zeichnung exakt nachvollziehen, wie sich der Dichterfürst die Zeit vertrieben hatte: »Diesen Aufenthalt will ich so gut als möglich nutzen, besonders das Schloss zu zeichnen, das am Wasser liegt und ein schöner Gegenstand ist. Heute im Vorbeifahren nahm ich eine Skizze davon (13. September abends).« Als Goethe am nächsten Morgen wieder mit dem Zeichenstift unterwegs war, hielten ihn die Malcesiner für einen österreichischen Spion und nahmen ihn fest.

VORBEREITUNG AUF DEN MONTE BALDO

Die Besucher von heute werden ihrerseits höchstens von der mächtigen Verteidigungsanlage und den verschiedenen

Vegetationsstufen

So deutlich wie in einem Schulbuch – nur live und damit viel spannender – können die Kinder am Monte Baldo die verschiedenen Vegetationsstufen eng beisammenliegend beobachten. Die untere, die mediterrane Stufe wird markiert durch Olivenbäume (bis 400 m), Reben, Steineichen und Lorbeer. Zwischen 600 und 1500 Meter wachsen Kastanienbäume und Buchen. Zwischen 1500 und 1800 Meter gedeiht die Tanne, die dann die Waldgrenze bestimmt. Ihr folgt die hochalpine Heidelandschaft mit den sich vor dem Wind duckenden Latschenkiefern.

Auf einem steilen Fels thront die Skaliger-Festung bei Malcesine

Zehn Touren, die allen Spaß machen

Museen im ersten Hof »gefangen genommen«. Im **Baldomuseum** wird auch in deutscher Sprache über den **Monte Baldo**, ein 37 Kilometer langer und 11 Kilometer breiter Bergstock, informiert, eine gute Vorbereitung für den Besuch des über Malcesine liegenden Höhenzugs. Eine Treppe führt in den ersten Stock, in das **Garda-Museum**, das sich auch der Entstehung des Gardasees widmet. Ein Foto mit einem über dem See liegenden Wolkenmeer veranschaulicht, wie vor 500 000 Jahren die gigantische Mulde mit dem Eis der Gletscher zugedeckt war. Wie Funde aus der jüngeren Steinzeit beweisen, waren 300 000 Jahre nur die Spitzen des Baldo frei von Eis. Auch über die Besiedlung des Gardaseegebiets wird in einem speziellen Saal informiert.

ZUM 70 METER HOHEN MASTIO

Über eine breite Steintreppe erreicht man, vorbei am Goethe-Saal, einer ehemaligen österreichischen Pulverkammer, und vorbei an einer Büste des reisenden Dichters den zweiten Hof, aus dem der 70 Meter hohe Mastio, der Bergfried, in den Himmel wächst, ein wunderbarer Ausguck, um den Zusammenhang von Stadt, See und Bergwelt zu begreifen. Eine Zisterne im Hof wurde schon von vielen Besuchern zu Hilfe gerufen: Wer eine Münze in den Schacht wirft, wird von Schmerzen befreit und löst Familienprobleme. Sagt man.

Eine Problemlösung ganz besonderer Art wird im in der früheren Residenz untergebrachten **Museo Pariani**, dem **Fischereimuseum**, gezeigt: Mit immensem Aufwand schafften die Venezianer im Jahr 1439 eine Flotte aus 25 Schiffen von der Adria etschaufwärts bis in die Nähe von Mori und dann 25 Kilometer über Land bis Torbole. Der Fürst von Mailand hatte den südlichen Teil des Gardasees besetzt, Venedig konnte nur von Norden auf den See gelangen. Das letzte Stück über Land wurden die Schiffe auf einem Gefährt mit runden Unterlagen von 2000 Ochsen gezogen, 120 Tiere für jedes Schiff.

Sanft gleitet die rote Gondel von Malcesine hinauf zum Monte Baldo

Zehn Touren, die allen Spaß machen

MIT DER SEILBAHN ZUM BALDO

Nach der wunderbaren Vorbereitung in der Festung der einst mächtigen Skaliger wird es Zeit, mit der Seilbahn den Baldo zu erobern. Mit Umsteigen in die Bahn in San Michele dauert die Himmelfahrt etwa eine halbe Stunde, die Wartezeiten nicht einberechnet. Unter den roten Kabinen ziehen, deutlich nach den hiesigen, mediterranen Vegetationsstufen gestaffelt, Olivenbäume und Steineichen, Kastanien und Buchen sowie Tannen vorbei (siehe Kasten S. 48). Am Kamm des Bergrückens weht immer eine erfrischende Brise, von 26 Grad Celsius in Malcesine fällt die Temperatur in rund 1800 Meter Höhe auf 14 Grad. Eine gute Temperatur für einen Spaziergang. Der Panoramaweg, der etwa 300 Meter nördlich von der Station beginnt, ist fast eben und festgetrampelt, also für die ganze Familie geeignet, inklusive Kinderwagen. Bald ist die Hütten-Trattoria »La Capannina« in Sicht (siehe Kasten S. 52), neben ihr liegt meistens eine wiederkäuende Kuhherde im Gras.

TIEFBLAUER ENZIAN

Blumenfreunde sind immer wieder entzückt von der botanischen Pracht des Baldo. Bis in den Sommer hinein hält sich der flach blühende Frühlingsenzian, der in besonders warmen Jahren auch im Herbst noch einmal blüht. Am Osthang strecken sich viele hundert tiefblaue Kelche des Clusius'-Enzians der Sonne entgegen.
Gelb leuchten große Flächen des Berghahnenfußes, dazwischen auffallende Gruppen der prallen Europäischen Trollblume, auch Goldknöpfchen oder Kugelranunkel genannt. Zwischen den Kalkplatten des Bergrückens hat sich in stickstoffreichen Mulden die Große Brennnessel angesiedelt, von April bis Oktober fröhlicher Tummelplatz für Familien des Distelfalters.
Wenn die Waldschlüsselblume im Juni Abschied nimmt, wurde sie bereits von

Auf dem Baldo entdeckt man immer wieder Schönheiten wie diesen Edelweißstrauch (Felsenbirne)

der in der Blüte ähnlichen Aurikel abgelöst. Gleichzeitig erfreuen sich Blumenfreunde an der großblütigen, weißen Alpenanemone, deren Fruchtstand im Sommer noch einmal Aufmerksamkeit verlangt: Wenn die Blätter abgefallen sind, verlängern sich die Griffel um ein Mehrfaches, mit ihren zarten, langen Haaren sehen sie aus wie ein silberner Haarschopf.

DER TOTALE ÜBERBLICK

Nach einer halben Stunde ist die Bergnase erreicht, ein Aussichtspunkt über fast das ganze Gardaland. Abrupt fällt der Fels ab, Kinder sollten jetzt an der Hand bleiben. Direkt vor der Nase liegt das Naturschutzgebiet Bes-Corna Piana mit seinen

Zehn Touren, die allen Spaß machen

Ein bunter Blumenstrauß

Bezaubernd ist die Blumenpracht auf dem Monte Baldo. Viele Arten machen sich allerdings immer rarer. Deshalb nicht abpflücken, selbst wenn die Versuchung groß ist. Stattdessen können die Kinder die Blumen einfach abmalen. Zum Beispiel den Gelben Enzian mit seinen dicht in der Blattachsel sich drängelnden, röhrenförmigen Blüten oder die braunviolette Dunkle Akelei mit ihren bizarren Blüten. Wetten, dass dieser Strauß besonders lange hält!

auffallenden Bergebenen und dem Monte Altissimo di Nago (2079 m). Gegenüber, im Nordwesten, erheben sich die Gletscher der Brenta-Gruppe, direkt im Westen blickt man auf die Hochebenen von Tremosine und Tignale. Im Osten schimmert der kleine Stausee Pra de la Stua nach oben, dahinter lässt sich das Etschtal erahnen.
Dann aber taucht der Blick hinab zu den Ufern des Sees. Im Norden sind Riva und Torbole deutlich zu sehen, im Westen liegt Limone zum Greifen nahe, mit dem Fernglas sind seine charakteristischen Zitrusgewächshäuser, die Limonaie, zu erkennen. Das Westufer südwärts streift der Blick über das nur per Tunnel erreichbare Campione, das hübsche Gargnano ist auszumachen und im Dunst der Einschnitt von Salò, dann folgt die breite Halbinsel des Valténesi.
Von dort machen wir einen Sprung an das Südende des Sees, und tatsächlich ist bei klarem Wetter die Halbinsel von Sirmione zu erkennen.
Vom Ostufer ist nur ein kleiner Ausschnitt einzusehen, die Orte Brenzone sowie Anfang und Ende des abwechslungsreichen Ausflugs, Malcesine mit seiner Burg, beenden den Rundblick über den See.

Information, I.A.T. Malcesine, Via Capitano 6, Tel. 045-40 00 44. Geöffnet: 8.30-20, So 9.30-15.30 Uhr.
Palazzo del Capitano del Lago, Malcesine, Via Capitano 6-8.
Skaligerburg in Malcesine mit Museo del Baldo, Museo del Garda, Goethemuseum und Fischereimuseum (Museo Pariani). Eintritt: Erw. Lit. 6000, Kinder 6-14 Jahre Lit. 2000. Geöffnet: Tägl. 9.30-19 Uhr.
Seilbahn zum Monte Baldo
(Funivia Malcesine-Monte Baldo). Mitte Mai bis Mitte Sept tägl. 8-19 Uhr halbstündlich, sonst bis 18 Uhr.
Preise: Erw. eine Tour Lit. 14 000, hin und zurück Lit. 19 000; Kinder von 1 bis 1.40 Meter Größe sowie Familien (ab 4 Pers.) eine Tour Lit. 9000, hin und zurück Lit. 13 000.
Man kann auch mit dem Auto bis zur Umsteigestation San Michele fahren, Parkplätze sind vorhanden. Empfehlenswert für Wanderer, die vom Monte Baldo abwärts wandern wollen.

Trattoria auf der Alm

300 Meter nördlich der Bergstation auf dem Monte Baldo liegt die Blockhütte »La Capannina«. Tische und Stühle im Freien stehen unter Sonnenschirmen. Auch eine Kinderschaukel ist vorhanden. Pasta gibt es ab Lit. 9000, Hauptgerichte ab Lit. 15 000. Auf der Karte stehen Spezialitäten wie Zicklein oder im Herbst frische Pilze mit Polenta (Maisbrei).
La Capannina, Monte Baldo, Nähe Seilbahnstation, Tel. 045-657 00 81.

Tour 3: Oliven-Riviera

Torri del Benaco • Albisano • San Zeno de Montagna • Prada • Assenza • Magugnano

Wo: Ostküste, zwischen Malcesine und Torri – Wie: mit dem Auto – Dauer: Halbtagestour – Nicht vergessen: Picknicksachen, Holzkohle, Anzünder

Als seien die Hänge des Ostufers mit einem silbernen Spray überzogen, so wirken die im Sonnenlicht glitzernden ovalen Blättchen der Ölbäume, die der »Riviera degli Olivi« zwischen Malcesine und Torri del Benaco zu ihrem Namen verhalfen.

Die Uferstraße, die Gardesana Orientale, lässt im Sommer allerdings wegen ihrer Beliebtheit wenig Muße, den Silberwald zu genießen. Man sollte also eine Rundtour zusammenstellen, um in den Bergen mit mehr Ruhe und häufigeren Stopps die Kulturlandschaft der Oliven-Riviera zu erleben. Zwangsläufig bewegt man sich auf dieser Tour manchmal oberhalb der Ölbaumgrenze, die am Gardasee zwischen 400 und 450 Meter liegt. Städte, in denen das Olivenöl Zentrum der Landwirtschaft war und ist, sowie Landschaften mit silbern glitzernden Ölbäumen auf gepflegten Terrassen begleiten den Autoausflug. Die Tour beginnt mit der Skaligerburg von Torri, die u.a. ein Museum des Ölanbaus beherbergt. Nach einem Bummel durch das liebliche Städtchen geht es hoch nach Albisano mit einem der schönsten Panoramen und in eine geschützte Landschaft. Wieder taucht man ein in die Ölbaumplantagen, steht in der Kirche von Assenza dem Rätsel mit den Melonenscheiben gegenüber, in Magugnano einer vor 4000 Jahren gravierten Steinplatte.

ÖLKUNDE IM MUSEUM

Ein idealer Startpunkt ist **Torri del Benaco** und dort das **Skaliger-Kastell** mit seinem **Museum (Il Museo del Castello Scaligero)**. Gleich links im Hof steht die Nachbildung einer alten Ölpresse. Die verwendeten Steine stammen aus der Römerzeit. Die Römer brachten den Olivenanbau zum Gardasee, heute Europas nördlichstes Olivengebiet, ein willkommenes Erbe, das bis heute vielen Menschen ein gutes Einkommen beschert. Im Erdgeschoss der Burg werden die Besucher über die Olivenernte von früher und heute informiert. An der Erntezeit hat sich nichts geändert, sie findet

Esel zogen Schlitten wie diesen, gefüllt mit Dünger, auf die Ölbaumterrassen

Zehn Touren, die allen Spaß machen

Museo dell' Olio

Mittelpunkt des Ölmuseums von Cisano ist eine große, antike Hebelpresse aus Holz. Mühlsteine, Schraubenpressen und die Rekonstruktion einer wasserbetriebenen Ölmühle vervollständigen die Ausstellung. Ein kleiner Laden bietet Köstlichkeiten rund um die Olive: Öl in allen Varianten, Olivenpaste, eingelegte Oliven usw. Museo dell' Olio di Oliva, Cisano di Bardolino, Via Peschiera 54, Tel. 045-622 90 47. Geöffnet: Mo-Sa 9-12.30 und 15-19, So 9-12.30 Uhr. Eintritt kostenlos.

zwischen Oktober und Februar statt. Die meisten Ölbauern stellen ihre hohen Leitern, lange Stämme mit Sprossen an beiden Seiten, ab 11. November an die Bäume, am Tag des heiligen Martin. In ihrer Mundart drücken es die Gardasee-Bauern so aus: »A San Marti sendrise le scali« – »Zu St. Martin werden die Leitern angelegt«. »Prunkstück« des Museums ist ein Schlitten aus Holz und Weidengeflecht. Mit ihm zogen Esel den Dünger auf die Ölbaumterrassen.
Mehr über den Vorgang von der Baumpflege bis zur Pressung des gesunden, vitaminreichen Olivenöls zeigt ein sehenswerter Film im oberen Stockwerk im Saal der Felszeichnungen. Vom Museum hat man auch Zugang zu einer Limonaia, einem Zitrusgewächshaus. Wie sich die Ölhaine rund um Torri an die Hänge schmiegen, lässt sich am besten von den Türmen der Burg aus betrachten. Von dort oben kann man auch vorzeichnen, welchen Weg die Familie nimmt, um das hübsche Städtchen zu besichtigen, ehe es auf Tour geht.

CHURCHILL WAS HERE

Unterhalb der Burg liegt der kleine Hafen mit vielen bunten Fischerbooten. An dessen nördlichem Ende steht das Traditionshotel Gardesana, in dem schon so illustre Gäste übernachtet haben wie Sir Winston Churchill, der Maler Max Ernst, der Schriftsteller André Gide, die Schauspieler Vivien Leigh, Laurence Olivier und Luis Trenker sowie Spaniens König Juan Carlos, dessen Foto und Dankesbrief neben der Rezeption zu besichtigen sind.
Neben dem Hotel, von der Burg aus rechts gesehen, steht das Kirchlein **Santissima Trinità**, das in seiner Bescheidenheit gerne übersehen wird. Doch drinnen sind farbenprächtige Freskenreste zu bewundern, angeblich aus der Schule des berühmten Malers Giotto. Von einem »Abendmahl« sind nur noch sechs Jünger und der Fisch auf dem Tisch übrig geblieben, doch die Madonna mit Kind, Christus in der Mandorla, dem mandelförmigen Heiligenschein, und eine Kreuzigungsszene blieben fast vollständig erhalten. Ein kleiner Bummel durch die Fußgängerzone kann dazu dienen, sich für die Tour zu stärken oder für ein Picknick unterwegs Brot, Wurst, Käse und Getränke einzukaufen. Der Corso Dante Alighieri ist dafür gut geeignet, die andere Gasse jenseits der Piazza Umberto I., die Via Cesare Battista, dient anderen Zwecken, hier haben sich Leder- und Keramikgeschäfte, Antiquitätenhändler und Juweliere niedergelassen.

Pizza über dem Wasser

Die Pizzeria »Da Carlo« liegt direkt am Uferweg von Torri und serviert auch auf einer über dem Wasser gebauten Terrasse – Ausblick inklusive! Spezialitäten sind Meeresfische und natürlich Pizza vom Holzbackofen. Pizza gibt es ab Lit. 7000, Pasta ab Lit. 8000.
Da Carlo, Torri del Benaco, Piazza Umberto I s/n, Tel. 045-722 54 33.

Rings um den Hafen von Torri del Benaco gedeihen Olivenbäume

Zehn Touren, die allen Spaß machen

PRÄCHTIGER PANORAMABLICK

Dann aber flugs wieder ins Auto und hoch nach **Albisano** (309 m), wo die Geschäfte schon Höhenzuschlag verlangen. Umgeben von vielen alten Olivenbäumen, hat Albisano hinter der Pfarrkirche einen wunderbaren Panoramablick zu bieten: Im Süden verwehrt der Monte Luppia den Blick auf darunter liegende Orte, doch dahinter taucht die Halbinsel von Sirmione auf (siehe S. 77). Dann gibt es den totalen Überblick über den Südwesten des Sees, zuerst das schon um 2000 v. Chr. besiedelte Desenzano, dann das lombardische Westufer mit dem Hügelland der Valténesi, deutlich sichtbar die erst jüngst freigelegte Rocca di Manerba, nördlich davon die private Isola del Garda, die tiefe Bucht von Salò, an ihrem Anfang das elegante Gardone Riviera, das von einem Bergbach aufgeschüttete Delta mit dem Doppelort Toscolano-Maderno und schließlich das hübsche, lebhafte Gargnano, bewacht von zwei Bergen, dem Monte Castello di Gaino (866 m) und dem Monte Pizzocolo (1331 m).

Wir fahren weiter Richtung **San Zeno di Montagna**, durchfahren den Ort und machen Stopp im Ortsteil Ca' Montagna, wo ein restauriertes gotisches Patrizierhaus mit demselben Namen steht. Hinter den Bogengängen im Erdgeschoss hat sich das Informationsbüro niedergelassen, darüber in der offenen Loggia blieb ein Fresko erhalten, das einen riesigen Christophorus zeigt.

Von Albisano genießt man einen hinreißenden Blick über Torri und den See

Zehn Touren, die allen Spaß machen

Das Geisterhaus

Zwei Freunde, Sir Frederich Chignolsen und der Graf von Prada, waren beide unsterblich in die verführerische Enrichetta verliebt. Der Graf von Prada warf seinem Jugendfreund vor, das Weib mit einem köstlichen Nudelgericht auf unfaire Weise zu verführen, und forderte ihn zum Duell. Nach langem Kampf stolperte der Graf und erstickte an seiner eigenen Wut. Heute noch soll in den Gemäuern der »Casa degli Spiriti« in San Zeno di Montagna, inzwischen ein gutes Restaurant, in Sommernächten das Eifersuchtsgeschrei des Grafen zu hören sein.

PICKNICKPLATZ MIT UMWELTREGELN

Bei Kilometer 13 (ab Torri gemessen) biegen wir links (nordwestlich) nach **Prada** ab. Die Ölbaumgrenze liegt unterhalb, hier oben wachsen vorwiegend Esskastanien, also Maronen, Kirschbäume, Buchen und Lärchen, der einzige Nadelbaum, der im Winter nackt in der Kälte steht. Am Ortsende wurde ein Picknickplatz mit Grillstelle eingerichtet. Wer den Hunger unterdrücken kann, sollte aber noch warten.

Nach Kilometer 22 wird es abenteuerlich: Eine schlechte, enge Straße ist die Fortsetzung, 25 Prozent Gefälle steht warnend auf den Verkehrstafeln, hohe Kalkfelsen ragen östlich, manchmal auch in Seerichtung aufwärts, immer wieder wird der Blick freigegeben auf den See und am Westufer auf das nur über Tunnel erreichbare Campione.

Nach Kilometer 24 können alle wieder aufatmen, ein großer Platz folgt dem engen Pass, hier stehen Bänke und Tische, sind mehrere Grillplätze gemauert. Im Westen lassen sich die Hochebenen von Tignale und Tremosine blicken, dahinter liegt die Bergwelt des Brescianer Naturparks.

Mit 30 Prozent Gefälle geht es dann wieder abwärts in die Ölbaum-Region, nach ein paar scharfen Kurven ist Malcesine mit seinem Bootshafen zu sehen, der nördliche Beginn der Oliven-Riviera. Am Wegesrand unter Haselnussbüschen leuchten orangerote Feuerlilien, Brauner Storchschnabel und über einen halben Meter hohe Glockenblumen.

Dann ist schon Castello di Brenzone erreicht und nach 33 Kilometer Fahrt – einer kurzen, aber sehr abwechslungsreichen Tour – wieder die Gardesana Orientale.

MELONENSCHNITZ ODER BROTE

Die Rückfahrt bis Torri lässt sich noch mit ein paar kurzen Aufenthalten würzen. Gleich nach der Ankunft aus den Bergen ist das kleine **Assenza** erreicht. In der Kirche **San Nicolò di Bari** sind die Reste eines »Abendmahls« der Anziehungspunkt. Das Bild wurde durch den Einbau eines Fensters brutal zer-

Fröschesammeln erlaubt!

Holztafeln in der Nähe der Grillplätze verweisen auf die Regeln für Flora und Fauna des Monte-Baldo-Gebiets. So dürfen geschützte Pflanzen nicht gepflückt werden. Dagegen ist das Sammeln von 1 kg Fröschen erlaubt. Wofür den Tieren aufgelauert wird, darf geraten werden. Ameisen einzufangen ist dafür ganzjährig verboten. Erlaubt oder nicht – man sollte natürlich alle Tierchen lieber in Ruhe lassen und sich auf ihre Beobachtung beschränken!

Zehn Touren, die allen Spaß machen

Eine Kostbarkeit: »Das Abendmahl« in San Nicolò di Bari, Assenza

stört. Doch rechts vom Fenster sind noch Petrus, Paulus, Matthäus und Bartholomäus zu erkennen, links sitzt Jakob einsam am Tisch. Vor den Jüngern liegen die Streitpunkte der Fachwelt: Brötchen sagen die einen, es seien Melonenschnitze die anderen.

STEINGRAVUREN

Nächster Stopp ist **Magugnano**. Im unterhalb der Gardesana, also seewärts liegenden Rathaus kann im Vorraum der **Stein von Castelletto** besichtigt werden. Auf der vier Meter langen und eineinhalb Meter breiten Steinplatte wurden vor rund 4000 Jahren, also in der Bronzezeit, Jagdszenen eingeritzt, Jäger mit Lanzen und Äxten.

Aus dieser Zeit sind drei Kilometer südlich von Torri (gut ein Kilometer nördlich von San Vigilio) mitten im Wald beeindruckende Gravierungen zu finden, gemischt mit Ritzungen aus späteren Epochen, teilweise von Kritzeleien moderner Schmierfinken entstellt.

Auf dem so genannten Griselle-Felsen sind mehrere Segelschiffe mit Strickleitern (griselle) zu erkennen (siehe S. 117). Weiter oben, auf der Pietra dei Cavalieri, ziehen zwölf Reiter ihres Weges. Reiter aus der Bronzezeit, Römer mit Lanzen?

Viele der Felsritzungen zu Füßen des Monte Baldo wurden wieder mit Erde bedeckt, um sie zu schützen.

Jedenfalls haben hier wohl Schäfer jahrhundertelang auf den großen Felsplatten festgehalten, was so um sie vor sich ging. Sie hatten damals, als die Hänge noch Weideland waren, freien Blick auf den See, keine Bäume versperrten die Sicht. So ritzten sie Segelschiffe in den Stein, auch Menschen beim Hüten der Schafe wurden dargestellt, bei Arbeiten im Steinbruch und – so schließt sich wieder der Kreis – Bauern des Gardasees beim Olivenanbau.

ℹ Information, I.A.T. in Torri del Benaco, Viale Filli Lavanda 3, Tel. 045-722 51 20.
Il Museo del Castello Scaligero in Torri del Benaco, Viale Fratelli Lavanda 2. Eintritt: Erw. Lit. 5000, Kinder 6-14 Jahre Lit. 2000. Geöffnet: Juni-Sept 9.30-13 und 16.30-19.30 Uhr, April/Mai und Okt 9.30-12.30 und 14.30-18 Uhr.
Santissima Trinità in Torri del Benaco, Piazza Calderini. Tagsüber immer geöffnet.
San Zeno di Montagna in Ca' Montagna, Vorort Ca' Montagna. Geöffnet: Mo-Sa 9-12.30 und 15-18.30 Uhr. **San Nicola di Bari** in Assenza, Ortsmitte. Tagsüber immer geöffnet.
Stein von Castelletto in Magugnano (Brenzone), Municipio (Rathaus). Wochentags während der Dienstzeiten geöffnet.

Zehn Touren, die allen Spaß machen

Tour 4: Auf den Spuren der Reben

Bardolino • Garda • Lazise • Peschiera

Wo: zwischen Garda und Peschiera, inklusive Hinterland - Wie: mit dem Auto - Dauer: Tagestour - Nicht vergessen: Taschenlampe, Decke und Picknick-Vorrat

Weinstraßen gibt es im Gardaland wie Kies am See. Zu einer der schönsten gehört die Strada del Vino Bardolino, liegt doch in ihrem Bereich eine Reihe der beliebtesten Städtchen. So wird eine kleine Rundtour durch das Weinland eine abwechslungsreiche Mischung aus landschaftlichen Ereignissen und erfrischenden Altstadt-Bummeleien. Die Bardolino-Weinstraße beginnt am einzigen Weinmuseum des Gardasees, bei der Cantina Zeni am südlichen Ende der Weinstadt. Sie führt dann hoch in die Hügel, auf der anderen Seite hinunter nach Garda, weiter über das Hinterland Bardolinos nach Lazise und Peschiera, alles Städtchen, deren Altstadtkerne zu einem Bummel einladen, mit Stopp für eine Weinprobe oder eine erfrischende Eiskugel.

KOSTENLOSE WEINPROBE

Bei Gaetano Zeni in **Bardolino** sollte unsere Rundfahrt beginnen. Denn die Zenis haben im Museum alles gesammelt, was für die Winzerei wichtig ist, angefangen von alten Rebstöcken über Küfereigeräte bis zur wuchtigen Weinpresse aus dem 15. Jahrhundert. In der Kellerei reifen der Bardolino Classico und andere süffige Sorten heran. Die meisten der im Weingut produzierten Weine können die Besucher an einer Selbstbedienungstheke probieren – kostenlos. Die Kids können

Bardolino ist Zentrum des Weinanbaus am Ostufer des Sees

Zehn Touren, die allen Spaß machen

Destillat aus Traubensaft

Seit 1836 produziert die Familie Gobetti in Marciaga di Costermano (1,5 km nördlich Garda) hervorragende Acquavite, also Destillate aus Trauben. Feinschmecker schätzen ganz besonders Carlo Gobettis Uva-Destillate, die von der Traube direkt gebrannt werden. Bei Carlo kann man auch eine Degustation bestellen. Carlo Gobetti, Via Ghiandare 14 (hinter dem Hotel Madrigale), Marciaga di Costermano, Tel. 045-627 90 00.

sich inzwischen einen Video-Clip über die Weinherstellung ansehen. Und für Anfänger, die vom Wein nicht viel verstehen, gibt es sogar eine Anweisung, in welcher Reihenfolge die köstlichen Tropfen probiert werden sollen. Dann aber geht es mit Schwung hoch in die Hügelkette, auf der die wichtigsten Trauben gedeihen, wie Corvina, Rondinella, Molinara und Negrara, die Hauptsorten, aus denen ein richtiger Bardolino gemischt wird. Schöne Aussichten auf Weingärten und Seeufer bietet die Fahrt hoch nach Albaré. Nach drei Kilometern biegt eine kleine Straße westwärts zum **Eremo di San Giorgio** ab. Die Mönche verkaufen im Kloster ihre landwirtschaftlichen Produkte, während dieser Zeit kann man die schlichte Kirche besuchen.

SPAZIERGANG ZUR ROCCA

Kurz vor dem Kloster liegt ein kleiner Friedhof, ihm gegenüber hängen Wanderkarten auf einer Holztafel. Zu empfehlen ist die kurze Tour zur Rocca di Garda, auf dem Sentiero Rocca »B«, der vom Monte San Giorgio (305 m) abwärts zum 295 Meter hohen Felssporn führt, bei Einheimischen auch Rocca Vecchia genannt. Nur 20 Minuten dauert der durch dichten Buchenwald führende Abstecher. Am Fuß der Rocca wurden im Ersten Weltkrieg kleine Tunnel angelegt, mit einer Taschenlampe kann man sie erkunden. Von der einst stolzen Burg auf dem Felsen stehen nur noch kärgliche Mauerreste. In einem der ehemaligen Türme wurde die heilige Adelheid im Jahr 951 gefangen gehalten, weil sie sich weigerte, Adalbert, den Sohn des gewalttätigen Berengar II. zu heiraten. Doch sie konnte fliehen und wurde fast 100 Jahre nach ihrem Tod 1097 heilig gesprochen. Vom Hochplateau der Rocca, gut geeignet für eine längere Pause, genießt man einen wundervollen Blick auf die Rebenlandschaft der Nachbargemeinden Bardolino und Garda. Aber Vorsicht, Toben am Plateaurand ist lebensgefährlich, die Felswand fällt kerzengerade ab, ganze 230 Meter sind es bis Garda (65 m über Meereshöhe).

ABSTIEG AUF DEM SENTIERO A

Weniger gefährlich ist der Abstieg am Fuße der ehemaligen Burg über den Sentiero »A«, ein vorwiegend durch Wald führender Pfad. Wer gut zu Fuß ist, verabredet sich mit der Fahrgemeinschaft. Eine halbe Stunde dauert der Abstieg, einen Treffpunkt ausmachen kann man am Anfang des Wanderwegs, an der Piazzale Roma, an der die Pfarrkirche von Garda steht. Die Wanderer kommen aus der Via San Bartolomeo. Der Rest der Mannschaft

Mäusedorn als Mausefalle

Auf dem Spaziergang zur Rocca begegnet uns im Unterholz eine ganz erstaunliche Pflanze. Ihren lustigen Namen »Mäusedorn« verdankt das pieksende Gewächs – offizieller Name Ruscus aculeatus – der Tatsache, dass die Bauern es früher in die Öffnungen zu ihren Vorratskammern gesteckt haben, um Mäuse abzuwehren! Die jungen Sprossen des Strauchs sind übrigens auch essbar – grünem Spargel ähnlich.

Im September beginnt rund um den Gardasee die Weinlese, und dann helfen alle mit

Zehn Touren, die allen Spaß machen

Gut essen in einer Azienda Agricola

Rund um die Weinstraße gibt es ein paar landwirtschaftliche Betriebe, auf denen man gut und typisch essen kann: La Rocca di Rizzi Marirosa, Bardolino, Strada di Sem 4, Tel. 045-721 09 64. Val del Tasso di Desto Fabrizio, Cavaion Veronese, Ortsteil Val del Tasso/Sega, Tel. 045-723 67 81. Azienda Agricola di Cressoni Antonio, Costermano, Via Consolini 86, Tel. 045-793 01 31. Filippi Luigi, Lazise, Via Donzella s/n, Tel. 045-758 11 44.

wandert zum Auto zurück und fährt weiter nach **Costermano**. Dieser Ort ist wegen seines deutschen **Soldatenfriedhofs** bekannt. 21 920 deutsche Soldaten aus dem Zweiten Weltkrieg liegen hier begraben, viele ohne Namen.
Wieder unten am See, ist vielleicht ein kurzer Bummel durch **Garda** angebracht. Die kleine Altstadt mit einer Hauptstraße, dem Corso Vittorio Emanuele, und vielen schmalen Nebengassen beginnt an der Piazetta Calderini mit einem mittelalterlichen Tor, der Torre dell' Orologio. Den Corso entlang liegen Geschäfte aller Art, Lederwaren, Obstgeschäfte, Restaurants und Eisdielen. Mit dem nördlichen Tor, Teil des Palazzo Fregoso (1510) mit schönem Renaissance-Portal, endet der Altstadtbummel. Hinter dem Tor führt die Via delle Antiche Mura zum See mit dem alten, von vielen Booten belegten Fischerhafen. Rechts, also im Norden liegt die Anlegestelle der Boote, von dort aus bietet sich ein Blick auf den hübschen (privaten) Palazzo Albertini mit gelbem Haupthaus und roten Türmen mit Schwalbenschwanzzinnen. Auf dem Lungolago südwärts, am Fischerhafen vorbei, kommt man zur Piazza Catulo, die mit Sonnenschirmen und Freiluft-Cafés geschmückt ist. Im Hintergrund erhebt sich der repräsentative Palazzo del Capitano in gotisch-venezianischem Stil (15. Jh.).
Wieder ein Sprung ins südliche Bardolino und dann hoch über Cavaion und Calmasino durch eine schöne Weinlandschaft, gespickt mit Aziende Agricole, wo Wein und Öl verkauft werden, von denen manche aber auch Spezialitäten aus der Gardaküche bieten. Im Sommer stehen die Bauern zwischen den hohen Rebenreihen und schneiden die Triebe. So wird die Menge reduziert und die Qualität des Rebensaftes gesteigert. Im Herbst, vorwiegend September, werden dann die prallen Trauben geerntet und zu den Winzergenossenschaften gebracht. In dieser Zeit müssen die Weinbergstrecken vorsichtig befahren werden, die Traktoren der Weinbauern bestimmen das Tempo.

LAZISE HINTER DEN TOREN

Hinter Calmasino macht die Straße einen Knick nach Westen und bald ist unten am See **Lazise** zu sehen – wieder ein Ort, der zu einem Bummel einlädt. Am günstigsten ist es, das Auto am Südende des Städtchens auf dem großen Parkplatz abzustellen. Durch die Via Rosenheim kommt man zur Porta del Lion, deren venezianischer Löwe auf der linken Seite wieder einmal an Venedigs Herrscherzeiten erinnert. Die Backsteintürme der Stadtmauer sind deutlich zu sehen, nach innen offen, nach außen gegen feindliche Angriffe wehrhaft gerüstet. Über die Piazza Vittorio Emanuele erreicht man den Hafen, auf dessen südlicher Seite ein großes Gebäude auffällt; besonders imposant wirkt es, wenn man sich der Stadt mit dem Boot nähert. Das venezianische Arsenal (14. Jh.) hat eine lebhafte Geschichte hinter sich, wurde nach der Nutzung als Waffenlager als Sprengstofffabrik genutzt (siehe Kasten S. 108), war dann Zollstation, Baumwollspinnerei und Zentrum der Faschisten. Vor dem Arsenal steht die Kirche **San Nicolò** (12. Jh.); man muss hineingehen, um die schönen Fresken zu betrachten, darunter gleich am Eingang eine wunderschöne Darstellung der stillenden Muttergottes.
Von Lazise aus führt die Bardolino-Weinstraße über Colà nach Pacengo, vor allem bekannt durch seine in der Nähe lie-

genden Vergnügungsparks, im Osten der Parco Natura Viva und der Safaripark (siehe S. 110), im Norden das Wasserratten-Paradies Canevaworld (siehe S. 107), südlich des Städtchens Gardaland, das riesige Abenteuer-Areal mit einer Fülle an Shows und Fahrgeschäften (siehe S. 102).

FESTUNGSSTADT PESCHIERA

Zur Beruhigung der Nerven und zum gemächlichen Abschluss des Ausflugs bleibt noch ein Rundgang durch **Peschi-era**, eine beeindruckende venezianisch-österreichische Festungsstadt. Neben der Bootsanlegestelle befindet sich ein großer Parkplatz, ihm gegenüber die Touristeninformation, darüber ein teilweise begehbarer Wall mit Sportplatz, Spielplatz und einer Picknickwiese. Von dort oben genießen die Besucher auch den besten Blick auf die Stadt und ihre Kanäle, auf Hafen und Werft, und im Norden sind sogar die Drehspiralen des Looping-Vergnügens »Blue Tornado« im Gardaland-Freizeitpark zu sehen. Über

Lohnende Pause im Städtchen Garda mit seinem hübschen Fischerhafen

Zehn Touren, die allen Spaß machen

Lazise: Besichtigungstour per Bimmelbahn

Brücken und Gassen erreicht man bald den Mincio mit der mächtigen Backsteinbrücke. Von der Piazza Arilicense mit der Fortezza di Artiglieria, einem Artillerie-Turm, geht die Via Dante ab. Hier sorgen zahlreiche Restaurants, Cafés und Eisdielen für das leibliche Wohl, als Krönung sendet der Panificio Brizzolari seine Düfte aus, eine traditionsreiche Konditorei mit allerlei süßen Verführungen.

Mit der Bimmelbahn durch die Stadt

Den besten Eindruck von der Schönheit Lazises gewinnt man bei einer bequemen Fahrt mit der Bimmelbahn, einer motorgetriebenen Zugmaschine und mehreren Passagierwagen auf Gummirädern, durch Gassen und Stadttore. Das gute Beispiel soll Schule machen: Auch die Gemeinden Garda und Bardolino beabsichtigen, ihren Gästen die Altstadt mit einer Bimmelbahn zu erschließen, eventuell sogar eine Verbindung zwischen beiden Städtchen zu schaffen.

I.A.T. Bardolino, Piazzale Aldo Moro s/n, Tel. 045-721 00 78. Geöffnet: Mo-Sa 9-12.30 und 15-18.30 Uhr.
Cantina Zeni in Bardolino, Via Costabella 9. Eintritt frei. Geöffnet: Mitte März bis Ende Okt tägl. 9-13 und 14-18 Uhr.
Eremo di San Giorgio. Geöffnet: 10.30-12 und 15.30-17.30 Uhr, So (wegen der Gebetsstunden etwas kompliziert) 10-10.45, 12.15-12.30, 15.30-16.45 und 17.30-18.30 Uhr. April-Juni und Okt-Dez Mo geschl.
Deutscher Soldatenfriedhof Costermano, Straße Costermano-Garda, ausgeschildert. Geöffnet: Tägl. 8-19 Uhr.
Information I.A.T. Garda, Via Don Gnocchi 23/25, Tel. 045-627 03 84. Geöffnet: Mo-Sa 9-12.30 und 15-18.30 Uhr.
I.A.T. Lazise, Via Fontana s/n, Tel. 045-758 01 14. Geöffnet: Mo-Sa 9-12.30 und 15-18.30 Uhr.
San Nicolò in Lazise, Piazzetta Partenio, am Hafen. Tagsüber geöffnet.
I.A.T. Peschiera, Piazzale Betteloni 15, Tel. 045-755 16 73. Geöffnet: Mo-Sa 9-12.30 und 15-18.30 Uhr.

Zehn Touren, die allen Spaß machen

Tour 5: Zu Julia nach Verona

Verona

Wo: Zentrum von Verona – Wie: zu Fuß – Dauer: Tagesausflug – Nicht vergessen: bequeme Schuhe, Sonnenschutz

Um schon die Anfahrt nach Verona mit Stimmung zu bereichern, sollte die Autobahn gemieden werden. Mehr Abwechslung bietet die Fahrt durch das Land der Pfirsiche, beispielsweise über die Provinzstraße 5 via Bussolengo oder über die SS 11, die an Peschiera und Castelnuovo vorbeiführt. Beide Wege münden im Westen Veronas in die Via Pontida – dem Hinweis Centro folgen. So kommt man direkt auf San Zeno zu, Lieblingskirche der Veroneser Bürger und erster Besichtigungspunkt.

San Zeno Maggiore (1118-1135) gehört unbestritten zu Italiens schönsten romanischen Gotteshäusern. Schon von weitem beeindruckt der mächtige Bau mit dem frei stehenden Glockenturm. Lange bleibt man vor der Fassade stehen, einem Meisterwerk der Bildhauerei: Oben das Radfenster, volkstümlich Glücksrad genannt, auf beiden Seiten des Portals unterhaltsame Monatsbilder, zwei Löwen tragen die Säulen des Baldachins, im zentralen Bogenfeld übergibt der hl. Zeno das Stadtbanner dem Volksheer Veronas. Die so genannten Bronzetüren zeigen Szenen aus dem Alten und dem Neuen Testament sowie aus dem Leben des hl. Zeno. Das fast vollständig mit Fresken ausgestattete Innere der Kirche (12.-14. Jh.) kann bei einem Besuch

Ein Meisterwerk romanischer Baukunst: San Zeno Maggiore

Zehn Touren, die allen Spaß machen

Suchspiel

An den Bronzetüren von San Zeno lassen sich lustige Suchspiele erfinden. Jeder Flügel hat 23 Platten. Wir zählen beim linken oben von links nach rechts, enden unten rechts, also mit Platte 23. Erste Frage: Nr. 22 und Nr. 26 stellen dasselbe Thema aus dem Alten Testament dar. Wer weiß, welches? Zweite Frage: Nr. 33 zeigt Moses. Auf welchem Berg steht er?

(Antworten: 1. Vertreibung aus dem Paradies, 2. Berg Sinai)

allein nicht erfasst werden. Zentrum des Interesses ist am Hochaltar die »Madonna mit Heiligen« von Andrea Mantegna. Mantegna erzielt hier in unnachahmlicher Weise eine dreidimensionale Wirkung. Links vom Hochaltar lächelt sanft San Zeno, eine lebensgroße Marmorgestalt, Symbol der Veroneser, ihr Vorbild, wie sie selbst gerne sagen, um ihr freundliches Wesen zu unterstreichen. In seiner linken Hand hält er einen kleinen Fisch.

SKALIGER-BURG

Nun gilt es, einen Parkplatz in der Nähe der Altstadt anzusteuern. Leicht zu finden und günstig gelegen ist der Parkplatz »Cortili dell'Arsenale« (nach der Ponte Risorgimento, über den Lungadige Cangrande zur Piazza Arsenale). Von hier sind es nur ein paar Schritte zum Ponte Castelvecchio.

Schwungvoll wölbt sich die aus Backstein errichtete Brücke über die grüne Etsch, italienisch Adige. Der Mordbube Cansignore aus dem Skaliger-Geschlecht ließ sie bauen, um schnell vor der Wut der Veroneser aus der Burg fliehen zu können. Die Besucher Veronas nehmen den umgekehrten Weg, genießen langsam den Sturm auf das **Kastell (Castelvecchio).**

Die von Cangrande II., einem der übelsten Skaliger erbaute Fluchtburg gibt sich heute recht friedlich. Das **Civico Museo d'Arte** lässt die böse Geschichte der ehemaligen Herrscher vergessen, allerdings erinnert eine Reiterstatue an das Geschlecht: Cangrande I., ein erfolgreicher Eroberer benachbarter Städte, aber auch Förderer von Künstlern und Gelehrten, sitzt gerüstet auf einem von einer ornamentierten Decke eingehüllten Pferd. Auf dem Rücken Cangrandes hängt etwas unkriegerisch sein Helm mit Hundekopf.

KUNST DER SKALIGER-ZEIT

Im Museum nimmt die Kunst während der Skaliger-Zeit einen wichtigen Platz ein. Unter den Dekorationsmalereien der ehemaligen Skaliger-Säle kommt immer wieder die aufsteigende Leiter, das Emblem der Sippe della Scala (ital. scala = Leiter), vor. Von großem Unterhaltungswert ist die Bildertafel »30 Geschichten der Bibel«: Es beginnt mit der Erschaffung der Welt, Evas Geburt, Sündenfall und Vertreibung aus dem Paradies. Dann, mit kühnem Sprung, folgen 26 Szenen des Neuen Testaments. Für Kunstliebhaber ist die Madonnen-Sammlung von höchstem Interesse, noch mehr vielleicht die Meisterwerke der großen venetischen Künstler Paolo Veronese, Tintoretto und Tiepolo.

Erfrischendes Gelato

Als Belohnung für Sightseeing ohne Gequengel: Gelato, gelato, gelato – sogar kiloweise! Bei dieser Aussicht können die kurzen Beinchen dann wieder laufen! Auf dem Weg von der Piazza Bra zur Skaliger-Burg, also zurück zum Parkplatz, liegt eine für Verona-Verhältnisse preiswerte Gelateria mit Eigenproduktion. Ein Corno mit einer Kugel kostet Lit. 2000, 1 kg Eis gibt es für Lit. 20 000. Gelateria Savoia, Piazza Bra/Via Roma 1.

Zehn Touren, die allen Spaß machen

Der Stadt zugewandt, vor den Toren des Castelvecchio, verläuft der Corso Cavour in Richtung Zentrum. Immer wieder muss der Blick nach oben gerichtet werden: Auf den Simsen der Paläste stehen mythologische Figuren, das Dach von Nummer 42 ist mit Tortürmen nachgeahmten Kaminen verziert. Gegenüber dem Palazzo Bevilacqua könnte man das Tor zum Kirchhof von **San Lorenzo** fast übersehen. Die romanische Kirche von 1117 fällt durch ihre zwei festungsartigen Türme auf. Die Inneneinrichtung wurde im Zweiten Weltkrieg stark beschädigt, doch sind noch einige Fresken aus dem

Julia in Bronze: romantische Liebe kommt niemals aus der Mode

Zehn Touren, die allen Spaß machen

Günstiger mit der VeronaCard

Die VeronaCard (Lit. 20 000) ist für drei Tage gültig und berechtigt zum ermäßigten Eintritt von zwölf Sehenswürdigkeiten, Museen und Kirchen (1 Erw., Kinder bis 7 Jahre frei). Außerdem bekommt man Lit. 4000 Ermäßigung im Gardaland (siehe S. 102). Auskunft erteilt das Fremdenverkehrsamt.

13. Jahrhundert zu entdecken und ein Altarbild des Malers Brusasorci (1566). An der Porta Borsari, dem römischen Stadttor (100 n. Chr.), beginnt der gleichnamige Corso. Die Konditoreien hier erinnern mit ihren braunen und weißen Küssen aus Mandelteig, den Baci di Giulietta e Romeo an Shakespeares große Liebestragödie, für viele Besucher der wichtigste Grund, Verona zu durchwandern. Doch bis dahin braucht man noch etwas Geduld, denn zuerst fordert die Piazza delle Erbe mit dem auf einer hohen Säule ruhenden, geflügelten venezianischen Markuslöwen Aufmerksamkeit. Seinen Hintergrund bilden neben der Torre del Gardello, dem schlanken Backstein-Turm, die barocken Case dei Mazzanti, ein mit wunderschönen Fresken und mythologischen Figuren geschmückter Gebäudekomplex.

BLICK VOM TURM

Unter dem Arco della Costa, dem Torbogen mit der Walfischrippe, geht es weiter zur wunderschönen, von mächtigen Gebäudekomplexen umgebenen Piazza dei Signori, dem Viertel der Skaliger. In seiner Mitte ein Dante-Denkmal. Der Dichter war viele Jahre Gast von Cangrande I. della Scala, Dante verewigte das Herrschergeschlecht in seiner »Göttlichen Komödie«. Den Platz mit den Palästen der Skaliger sollte man aus der Vogelperspektive auf sich wirken lassen: Gleich nach dem Arco della Costa geht es rechts in den Corte Mercato Vecchio mit Zugang zur **Torre Lamberti**. Von oben bietet sich ein atemberaubender Blick auf die Plätze und über die Stadt.

Wieder unten, auf dem Weg zur Via Dante Alighieri, schaut eine Fratze mit offenem Mund aus dem finsteren Gemäuer des Palazzo della Ragione, des früheren Justizpalastes. Der Mund ist als Einwurf für die Zettel der Denunzianten gedacht. Der italienische Text lautet frei übersetzt: »Geheime Denunzierung von Wucherern und Wucherverträgen aller Art.«

DIE BERÜHMTEN SKALIGER-GRÄBER

Vorbei an der Dante-Gasse und durch den Bogen des Palazzo del Governo stehen die Stadtbummler vor einem Ensemble, mit dem sich die Skaliger unsterblich gemacht haben: Dem Wohnpalast gegenüber versteckt sich die romanische Kirche **Santa Maria Antica** (1185), neben ihr der unübersehbare Friedhof der Skaliger. Ihre Hauskirche bietet sich als Ort der Ruhe an. Über dem kleinen Portal wurde das Grabmal des Cangrande I. mit dem berühmten Reiterstandbild eingebaut, eine gelungene Kopie, denn das Original steht jetzt im Museum. Die das Grabmal tragenden Hunde weisen auf den Namen des Toten hin: Cangrande bedeutet großer Hund.

Hinter einem kunstvollen Gitter mit der Leiter stehen neben der Kirche die Grabmonumente anderer Skaliger. Bei der verwirrenden Pracht der Arche Scaligere (14. Jh.) mit Säulen, Pyramiden und Baldachinen wird vergessen, dass hier eine »illustre« Gesellschaft versammelt ist, neben Politikern und Mäzenen auch Mörder, Kriegsverbrecher und Gemeuchelte.

Seine Faszination ist ungebrochen: der Balkon der Julia in der Casa di Giulietta

Zehn Touren, die allen Spaß machen

LIEBESSCHMERZ UND HERZELEID

An einen anderen Toten, der sich auf tragische Weise selbst das Leben nahm, an Romeo, erinnert hinter den Skaligergräbern in der Via Arche Scaligere ein restauriertes Gebäude. In der Casa di Cagnolo Nogarolo detta di Romeo (14. Jh.), dem einstigen Palast der Familie Montecchi, soll der Geliebte Julias gelebt haben. Heute ist das Haus in Privatbesitz und nicht zu besichtigen. Romeo hatte es nicht weit, seine große Liebe in der Via Cappello Nr. 21 zu besuchen: Die Straße seines Hauses ein paar Schritte weiter nach rechts folgt die Piazza Viviani, über die Via Cairoli wird die Piazza delle Erbe erreicht, scharf nach links, und schon wartet Julia von der verfeindeten Familie Capulet auf dem Balkon der **Casa di Giulietta**.

Preiswert essen nahe der Arena

Die Preise rund um die Piazza Brà liegen sehr hoch, für Familien mit Kindern eine starke Belastung. Eine Ausnahme ist »Breka«, ein Selbstbedienungsrestaurant. Einen schmackhaften Risotto gibt es schon für Lit. 6500, Pasta ab Lit. 5400, Truthahnbrust für Lit. 7500. Vorsicht an den Tischen im Freien: Freche Tauben und Spatzen klauen vom Teller. Breka, Piazza Brà 20. Geöffnet: 11.30-15 und 18.30-22 Uhr.

ORT INNIGSTER LIEBESSCHWÜRE

Der Hof, in dem der stürmische Liebhaber den Balkon erklomm, ist jeden Tag mit Besuchern angefüllt. Tausende haben sich, an den Zauber der Liebe glaubend, an Mauern und Türen mit bunten Malstiften verewigt, verliebte Paare zahlen gerne Lit. 6000, um auf dem berühmten spätromanischen Balkon zu posieren.

Im Hof steht die klassische Geliebte in Bronze gegossen, Ziel glücklich oder unglücklich verliebter Mädchen, die mit geschlossenen Augen Julias rechte, goldglänzende Brust streicheln, die wegen fortwährender Liebkosungen noch keine Zeit hatte, die bei Bronze übliche Patina anzusetzen.

ARENABODEN, VON BLUT GETRÄNKT

Vom Platz ewiger Liebesschwüre schließen wir den Rundgang an zu der im ersten nachchristlichen Jahrhundert gebauten **Arena**, die schnell über die Via Stella und die Piazza Nogara zu erreichen ist. Heute als festlicher Ort glanzvoller Opernaufführungen bekannt, war das gewaltige Amphitheater viele Jahrhunderte lang Platz blutiger Ereignisse: Hier fingen in der Römerzeit Gladiatoren mit ihren Fangnetzen ihre Gegner ein und erstachen sie zum Ergötzen des Volkes mit dem Dreizack. Später benutzten die Skaliger die Arena als Hinrichtungsstätte. 1278 ließ Alberto 177 der Ketzerei angeklagte Bürger aus Sirmione öffentlich auf dem Scheiterhaufen verbrennen.

Später wurden in der Arena Gottesurteile durch Zweikämpfe erzwungen, wer Geld hatte, kaufte sich allerdings einen renommierten Fechter, der an seiner Stelle kämpfte. Auch Ritterturniere fanden hier bis in das späte Mittelalter statt. Friedlicher wurde es in Veronas Arena erst, als sich in den Gewölben Kurtisanen niederlassen durften, die nach einiger Zeit einem Komödientheater Platz machten.

Zum hundertsten Geburtstag des Komponisten Verdi und der Aufführung seiner Oper »Aida« wurde 1913 das Amphitheater ausgewählt, damit war das berühmteste Freiluft-Opernhaus der Welt geboren.

Zehn Touren, die allen Spaß machen

Uffici di Informazione, Cortile del Tribunale, zugänglich von der Piazza die Signori, Tel. 167-85 30 40. Geöffnet: Mo-Fr 8-17, Sa 8-13.30 Uhr.
San Zeno, Piazza San Zeno. Eintritt: Erw. Lit. 3000, Kinder bis 11 Jahre frei. Geöffnet: Mo-Sa 8.30-18, So 13-18 Uhr.
Museo di Castelvecchio/Civico Museo d'Arte, Corso Castelvecchio s/n. Eintritt: Erw. Lit. 10 000, Kinder 6-14 Jahre Lit. 5000. Geöffnet: Di-So 9-19 Uhr.
San Lorenzo, Corso Cavour s/n. Eintritt: Erw. Lit. 3000, Kinder bis 11 Jahre frei. Geöffnet: Mo-Sa 9.30-18, So 13-18 Uhr.
Torre Lamberti, Piazza dei Signori. Eintritt: Erw. Lit. 3000, mit Lift Lit. 4000, Kinder ab 8 Jahre Lit. 2000. Geöffnet: Di-So 9.30-18.30 Uhr.
Santa Maria Antica, Piazza Arche Scaligere. Eintritt frei. Geöffnet: Tägl. 7.30-12.30 und 15.30-19 Uhr.
Casa di Giulietta, Via Cappello 21. Eintritt: Besichtigung des Hauses (Hof frei) Erw. Lit. 6000, Kinder bis 14 Jahre Lit. 2000. Geöffnet: Di-So 9-18.30 Uhr.
Arena, Piazza Brà. Eintritt: Erw. Lit. 6000, Schüler Lit. 2000. Geöffnet: Tägl. 9-18 Uhr, während der Festspiele (Juli/Aug) 8-15.30 Uhr, Mo geschl.

Brunnen auf der Piazza Brà: das »Münchner Kindl«, Symbol der Patenstadt

Zehn Touren, die allen Spaß machen

Tour 6: Giro delle Battaglie

Castiglione delle Stiviere • Solferino • Valéggio sul Mincio

Wo: südlich vom Gardasee, Mincio-Gebiet – Wie: mit dem Auto – Dauer: Tagestour – Nicht vergessen: Feldstecher, Notizbuch, starke Nerven für die Schädelkapellen

Die Schlachtfelder südlich des Gardasees führen hinein in eine mit Historie angefüllte Landschaft. In dieser blutig umkämpften Gegend entstand die Idee des Roten Kreuzes, nachzuempfinden in Castiglione delle Stiviere mit seinem Internationalen Museum des Roten Kreuzes. Einen Blick über die Hügel links und rechts des Mincio-Flusses genießt man von den Türmen Solferinos und San Martinos aus. Gruselig anzuschauen sind die gestapelten Totenköpfe in den Ossarien (Knochenhäusern) beider Orte. Imposant steht der Ponte Visconteo unterhalb von Valéggio sul Mincio, ein Bollwerk, das den Feinden das Wasser abgraben sollte. Wer eine kurze Anfahrt hat, baut zur Erfrischung eine Pause in einem der kleinen Acquaparks ein (siehe Kasten S. 76). Mit der Aussicht auf ausgiebigen Badespaß lassen sich auch die kleinsten Urlauber für diese Fahrt durch Italiens Geschichte begeistern. Dann nimmt man sich am besten gleich zwei Tage Zeit. Am ersten Tag stehen Castiglione und Solferino auf dem Programm, am nächsten Tag folgen San Martino und Valéggio sul Mincio.

GIRO DELLE BATTAGLIE

Südlich von Sirmione und Peschiera, zwischen den Moränenhügeln des Mincio-Flusses, tobte vor 140 Jahren eine der schlimmsten Schlachten der Kriegsgeschichte. Solferino und San Martino sind Namen, die jeder geschichtsbewusste Italiener kennt. Hier entschied sich die Unabhängigkeit Italiens, die österreichischen Besatzer mussten sich zurückziehen. Von mehr internationalem Interesse ist das am Rande der Schlachtfelder liegende, hübsche Städtchen **Castiglione delle Stiviere** mit seinem **Internationalen Museum des Roten Kreuzes**, das 1999 sein 40-jähriges Jubiläum feierte. Eine Fahne mit dem roten Kreuz und dem islamischen Pendant, einem roten Halbmond, flattert auf dem Balkon. In den hohen Räumen des Museums lernt man auf anschauliche Weise die Geschichte des internationalen Sanitätsdienstes kennen. Der aus Genf stammende Henry Dunant war Napoleon III. nachgereist, der sich im Kampf gegen die österreichischen Habsburger mit dem Grafen Camillo Benso di Cavour, dem ersten Ministerpräsidenten des noch nicht vereinten Italien, verbündet hatte. Der französische König seinerseits sollte Dunant bei seinem gefährdeten Mühlengeschäft in Nordafrika behilflich sein.
Als der 31-jährige Dunant am Abend des 24. Juni 1859 eintrifft, erwartet ihn ein

---

Der Rote Löwe und die Rote Sonne

Neben dem Roten Kreuz (seit 1864) und dem Roten Halbmond (seit 1876) in islamischen Ländern gab es lange Zeit noch eine dritte Hilfsorganisation: 1920 gründete Persien den Roten Löwen mit der Roten Sonne. Der Nachfolgestaat, der Iran, schaffte 1980 das Symbol ab und gehört seitdem zur Gruppe des Roten Halbmonds. Israel hat nach seiner Gründung die Genfer Konvention anerkannt, seine Sanitäter tragen aber als Symbol den roten Davidstern.

schreckliches Bild. Ein Heer von Verwundeten schleppt sich blutend in die Stadt, auf den Feldern liegen die Toten und Sterbenden der Massenschlacht. Wer den Bajonetten und Kugeln der Feinde entkommen ist, sucht sein Heil in der Flucht. So sind die Verstümmelten allein gelassen, flehen um den Tod, um von den Schmerzen befreit zu werden. Die wenigen, schlecht ausgebildeten Sanitäter sind überfordert, um wirkungsvoll zu helfen. Die Frauen von Castiglione können ihr Mitleid nicht länger zurückhalten, überwinden das Misstrauen und die Vorurteile ihrer Männer und Brüder gegenüber dem Feind. Kirchen und Wohnungen werden geräumt, die Verwundeten verbunden, so gut es die Frauen verstehen. Junge Mädchen zögern nicht, aus den Leintüchern ihrer Hochzeitsausstattung Verbandsmaterial zu reißen. Ohne Beachtung der Nationalitäten schenken sie jedem ihre Hilfe. Henry Dunant steht mittendrin in diesem Inferno des Leids. Die Solidarität und Brüderlichkeit der Bewohner von Castiglione lässt in ihm den Gedanken keimen, in Friedenszeiten ein Freiwilligenheer zu gründen, dessen Mitglieder in Kriegszeiten Verletzten helfen.

LEBENDIGER GESCHICHTSUNTERRICHT

Schon 1864 wird das »Erste Abkommen von Genf«, die ersten zehn Paragraphen des entstehenden internationalen Menschenrechts von 12 Nationen unterzeichnet. Die Konterfeis der Unterzeichner sind im ersten Saal des Museums links zu sehen und veranlassen zu lebendigem Geschichtsunterricht: In dieser Zeit herrschte auch im heutigen Deutschland noch die Kleinstaaterei, mitunterzeichnet haben die Herren Steiner und Volz vom Staat Baden, Hahn vom Staat Württemberg und Ritter, Loeffler sowie de Kamptz vom Staat Preußen. Preußen ist dann auch schon bald darauf Nutznießer des Abkommens, wie ein Bild im ersten Saal rechts zeigt: Helfer des Roten Kreuzes bei ihrem ersten Einsatz in der Schlacht von Sedan, 1870 zwischen Frankreich und Preußen ausgetragen. Sechs Jahre später werden beim russisch-türkischen Krieg viele der unter internationalem Schutz stehenden Helfer getötet. Türkische Soldaten hielten das Rote Kreuz für ein christliches Symbol und brachten die Freiwilligen als Erste um. Als Reaktion darauf trat auch die Türkei dem Abkommen von Genf bei und der Rote Halbmond verbreitete sich in den islamischen Ländern.

SOLFERINO, ORT DER ITALIENISCHEN UNABHÄNGIGKEIT

Etwa acht Kilometer östlich von Castiglione liegt **Solferino**, eines der Zentren der 1859 tobenden Schlacht. Erstes Ziel der Besucher ist **La Rocca**, ein Turm, wegen seiner guten Aussicht von der Plattform

San Martino della Battaglia: Blick über die Schlachtfelder aus 65 m Höhe

Zehn Touren, die allen Spaß machen

Wein für längere Abende

Nach einer anstrengenden Tour öffnen die Eltern gerne am Abend ein Fläschchen Wein. Gelegenheit zum Kauf finden sie auf der Strecke zwischen Valéggio und Peschiera. Die Auswahl: Bianco di Custoza, Bardolino, Chiaretto (Rosé), Pinot, Cabernet, außerdem Sekt, in Eichenfässern gereifter Wein und Grappa.
Azienda Agricola Rizzi, Salionze di Valéggio, Via del Garda 7, Tel. 045-794 50 08. Geöffnet: 1. Mai bis 30. Sept, auch So; Mo geschl.

auch »Spion von Italien« (spia d'Italia) genannt. Man gelangt über eine stufenlose Rampe nach oben, vorbei an der »Sala dei Sovrani« mit zwei großen Gemälden der Schlachtengewinner Napoleon III. und Emanuele II. auf ihren Pferden. Eine große Steinplatte auf dem Dach erinnert an die Opfer der Verbündeten: Frankreich verlor 6709 Generäle, Offiziere und Soldaten, Italien 2280 Kämpfer. Beim Blick vom Turm lässt sich die Fortsetzung des Ausflugs sehr gut vorzeichnen: Im Norden liegt der Gardasee, ein paar Kilometer südlich davon San Martino della Battaglia, wie der Name sagt (Battaglia = Schlacht) das andere Zentrum des österreichisch-italienischen Krieges. Direkt unter dem Turm liegt zum Andenken an Henry Dunant das Memoriale croce rossa internazionale. Das Denkmal besteht aus Marmorstückchen, die aus den 148 Ländern stammen, die dem Roten Kreuz angehören. Der Parkplatz befindet sich innerhalb der bewohnten Piazza Castello, dem Burgplatz. Die Straße abwärts stößt direkt auf das **Museo Storico Risorgimentale** und gleich nebenan befindet sich das **Ossario**. Wer gerne Postkarten mit alten Uniformen sammelt, hat dazu im Museum Gelegen-

Im Museo Storico Risorgimentale von Solferino

Zehn Touren, die allen Spaß machen

1413 Schädel und rund 5600 andere Knochen lagern im Knochenhaus von Solferino

heit, einige Originale sind in den Museumsräumen zu sehen, außerdem Kanonen, Fahnen und Schlachtengemälde, das größte zeigt die Schlacht vom 24. Juni 1859. Gänsehaut gibt es dann im Ossarium, dem Knochenhaus: 1413 Schädel und rund 5600 andere Knochen von Gefallenen der italienischen, französischen und österreichischen Armee wurden hier säuberlich geordnet und bis an die Decke gestapelt. Die Toten waren nach der Schlacht eilig begraben worden, nach Meinung einer 1871 gegründeten Società sollten sie eine endgültige und ehrwürdige Bestattung bekommen.

DER GROSSE DAMM DES VISCONTI

In Solferino muss man den Wegweiser zum südöstlich liegenden Ort Cavriana suchen. Erst dort wird der Weg nach **Valéggio sul Mincio** angezeigt. Borghetto liegt am Mincio, und Flüsse waren zu allen Zeiten, besonders im Mittelalter, eine gute Gelegenheit Zölle einzutreiben. Doch der Mailänder Gian Galeazzo Visconti, Ende des 14. Jahrhunderts Herr über das südliche Gardasee-Gebiet, hatte eine verrückte Idee, die er 1393 realisierte. Um die totale Kontrolle über den Weg vom Fluss zum See zu haben, außerdem dem verfeindeten Mantua, durch das der Mincio fließt, buchstäblich das Wasser abzugraben, schuf er ein Bollwerk, das heute noch jedem Betrachter alle Achtung abringt: Über den Fluss und seine Kanäle baute er einen Damm mit einer 600 Meter langen, 26 Meter breiten und 10 Meter hohen, an beiden Enden befestigten Brücke. Gegen Mantua kam die Sperre allerdings nicht zum Einsatz, doch die Venezianer waren durch das Bollwerk gezwungen, den See mit 25 Schiffen über Land zu erreichen. Der Damm ist mit Fahrzeugen befahrbar, doch ist eine Umrundung zu Fuß unbedingt vorzuzie-

Zehn Touren, die allen Spaß machen

Ritter ohne Schwert

Nachts dringen klagende Schreie durch die Mauern der Skaligerburg von Valéggio. Die Einwohner wissen, wer da klagt: Während der Endzeit des Römischen Reichs zogen raubende Horden durch Norditalien. Sie griffen auch die Burg von Valéggio an – erfolgreich, denn der wachhabende Ritter war eingeschlafen. Zur Strafe nahm man ihm Adelstitel und Schwert. Das hält der Geist des Ritters bis heute für ungerecht, und so klagt er nachts über den Verlust seiner Waffe.

hen, um die Konstruktion und den Ort zu begreifen. Hinter dem Ponte Visconteo ließen sich später Müller nieder, heute noch drehen sich einige der alten Wasserräder und ausgediente Mühlsteine wurden als Mauerwerk verwendet.

WASSERSPASS UND SAN MARTINO DELLA BATTAGLIA

Nach so viel Historie freuen sich alle Familienmitglieder auf ein erfrischendes Bad. Gelegenheit dazu gibt es nur zwei Kilometer südlich von Borghetto im Parco Acquatico Cavour mit einer großzügigen Poollandschaft und sogar einem Meeresstrand mit Südseeinsel (siehe S. 109)!
Wer aber die »Giro delle Battaglie« vervollständigen möchte, erreicht nach rund 15 Kilometern **San Martino**. Hier erinnern ein **Museum**, ein extra zum Gedenken gebauter Turm (über eine 490 m lange Rampe zu besteigen, beste Aussicht) und ein **Ossarium** mit 1274 Schädeln und Gebeinen von 2619 Gefallenen an die schlimme Auseinandersetzung.

ℹ️ **Museo Internazionale della Croce Rossa** in Castiglione delle Stiviere, Via Garibaldi 50. Eintritt: Erw. Lit. 3000, Kinder 7-14 Jahre Lit. 2000. Geöffnet: April-Okt 9-12.30 und 15-18.30, Nov-März 9-12 und 14-17.30 Uhr, Mo geschl.
La Rocca in Solferino, oberhalb des Castello. Eintritt: Erw. Lit. 3000, Kinder 7-14 Jahre Lit. 1500. Geöffnet: Febr-Aug 9-12.30 und 14.30-18.30, Sept-Nov 9-12.30 und 14.30-17, Dez 9-12.30 und 14-17 Uhr, Jan Sa und So 9-12.30 und 14.30-17 Uhr. Mo geschl.
Museo Storico Risorgimentale in Solferino, im unteren Ortsteil. Eintritt: Erw. Lit. 3000, Kinder 7-14 Jahre Lit. 1500. Geöffnet: Febr-Aug 9-12.30 und 14.30-18.30, Sept-Nov 9-12.30 und 14.30-17, Dez 9-12.30 und 14-17 Uhr, Jan Sa und So 9-12.30 und 14.30-17 Uhr. Mo geschl.
Ossario in Solferino, neben Museo Storico Risorgimentale. Freier Eintritt. Tagsüber immer geöffnet.
La Torre monumentale und Museo, San Martino della Battaglia. Weg dorthin gut ausgeschildert. Eintritt: Erw. Lit. 3000, Kinder 7-14 Jahre Lit. 1500. Geöffnet: Juni-Sept 9-12.30 und 14-19, Jan/Febr und Okt-Dez 9-12 und 14-17.30, März-Mai 8.30-12.30 und 14-18.30 Uhr. So und Feiertage März-Sept 9-19 Uhr.
Ossario, San Martino della Battaglia. Neben dem Museum. Tagsüber immer geöffnet.

Badespaß im Wasserpark

Nach all den Geschichten über lange Kriege und blutige Schlachten verlangen die Kids nach Spiel und Spaß. Und Recht haben sie! Zum Glück gibt es ganz in der Nähe gleich mehrere Wasserparks, z.B. den Parco Acquatico Cavour (siehe S. 109) und den Acquapark Altomincio (siehe S. 118). Bei San Martino della Battaglia liegt außerdem der Parco Acquatico Le Ninfee, San Martino della Battaglia, Tel. 030-991 04 14. Eintritt: Erw. Lit. 15 000, So Lit. 18 000, Kinder 3-10 Jahre Lit. 12 000, ab 14 Uhr (außer So) Lit. 13 000/10 000. Geöffnet: Ende Mai-Anfang Sept 10-19 Uhr.

Zehn Touren, die allen Spaß machen

Tour 7: Auf den Spuren der mörderischen Scaligeri
Sirmione

Wo: an der südlichen Mitte des Sees - Wie: zu Fuß - Dauer: Halbtagesausflug, besser mit Essen auf einen Tag ausdehnen - Nicht vergessen: ausreichend Geld, die Stadt ist die teuerste am See

Der abwechslungsreiche Bummel durch die historische Stadt Sirmione beginnt an der Skaligerburg. Überblick über die Tour verschafft man sich zuerst vom 47 Meter hohen Festungsturm. Dann geht es am Ufer entlang zu den heißen Quellen, zum Lido und schließlich zu den Grotten des Catull, den Resten einer mächtigen römischen Villa. Auf dem Rückweg gibt es noch einen Stopp in der Kirche San Pietro in Mavino. Dann aber beginnt der Bummel durch Sirmiones Altstadt mit schmucken Gässchen, in denen sich Restaurants, Pizzerien und Eisdielen aneinander reihen. Ein Stadtbummel, der auch die Kleinsten nicht ermüdet. Mit treppengeeignetem Buggy gut zu bewältigen.

Wer in einem Städtchen am See Quartier bezogen hat, sollte in Sirmione besser mit dem Boot ankommen und die langsame Annäherung an die pittoreske Halbinsel, die allmählich immer mächtiger werdende Burg genießen, sich so auf das nahende Erlebnis vorbereiten. Mit dem Auto muss man sich von hinten an die Stadt heranschleichen. Und dann beginnt auch noch die üble Suche nach einem Parkplatz. Vor allem im Sommer ist in Stadtnähe kein freier Platz mehr zu finden.

Alles drängt zur Burg von Sirmione, eines der Haupttouristenziele der Gegend

Zehn Touren, die allen Spaß machen

Süßes für zu Hause

Eine Fläschchen Wein für den Abend, einen Grappa als Geschenk, süße Sirmione-Spezialitäten als Mitbringsel nett verpackt gibt es in einem hübschen Ladengeschäft in der Via Vittorio Emanuele. Naschkatzen werden von den schokoladigen Baci (Küsschen) di Sirmione, den nussigen Dolce Rustico di Catullo und den Amaretti di Sirmione auf Mandelteig-Basis begeistert sein. Al Capanno, Via Vittorio Emanuele 48, Tel. 030-91 62 13.

Spätestens am Piazzale Porto beginnt das große Abenteuer für die Augen. Die vielleicht schönste **Burg** Italiens breitet sich vor den Besuchern aus, mächtige Mauern, Wasser ringsum, zinnenbewehrte Türme ragen in den Himmel, nur zwei Brücken verbinden den Koloss mit dem Festland. Man ahnt es schon: die Zugbrücke hoch ,und der Feind platschte ins Wasser.

DIE ALTEN RITTERSLEUT'

Im Anblick der Burg wird der Reiz, den lockenden Mastio (Festungsturm) zu besteigen, mit 47 Meter der höchste der Anlage, fast übermächtig. Das Gemäuer wird durch das Vorwerk der Rocca Scaligera betreten. Etwas düster wirkt der Burghof auf die Besucher, hier steht auch das einzige Gebäude der Anlage, alles andere sind Mauern und Türme. In der lang gezogenen Halle neben dem Kartenhäuschen wurde eine ganz besondere Attraktion aufgestellt: eine mittelalterliche Piroge, fast 14 Meter lang, aus einem mächtigen krummen Baum gehauen. Beim Aufstieg zum Wehrgang spürt man den Geist der unheimlichen, mordenden Herren della Scala, und erst wenn man vom Mastio den Komplex überblickt, ist der Sinn der wehrhaften Anlage klar auszumachen. Die Burg trennt Stadt und Sitz der Herrscher. Der Hauptturm steht frei und ist vom Wehrgang nur über eine kleine Brücke erreichbar, die letzte Zuflucht bei Belagerung – kaum einzunehmen. Grund zur Angst gab es genug für die Herren aus Verona, neben ihren Feinden anderer Städte waren den Mordbuben, die auch innerhalb der Familie wegräumten, was ihnen nicht passte, die eigenen Bürger feindlich gesonnen. Vom Turm aus blickt man auf die ziegelbedeckten Häuser Sirmiones. Hier lebten im 13. Jahrhundert die Patariner, die den Papst nicht anerkannten, der Meinung waren, die Kirche solle sich von allem Weltlichen fern halten. Mastino I., Gründer der Dynastie, wollte dem Vatikan einen Gefallen tun, musste er doch durch sein Treiben den Kirchenbann fürchten. So überfiel er die Stadt, ließ die meisten Bürger töten, den Rest in Schauprozessen wegen Ketzerei zum Tode verurteilen. Mit Gänsehaut auf dem Rücken verlassen die Besucher das Kastell, ruhen sich an der Mauer zum Wassergraben aus, um diese Geschichte erst einmal zu verdauen. Währenddessen schieben sich Besucher in Massen durch ein zweites Tor in die Hauptstraße der Altstadt, in die Via Vittorio Emanuele. Wer vorhat, die Grotten des Catull am Ende der Halbinsel einigermaßen frisch zu erreichen, sollte einen Schleichweg wählen. Also statt durch das zweite Tor am Wassergraben nach Osten, ein kleines Stück die Via Dante entlang, die dann gleich in den Vicolo Bisse übergeht.

Speisen mit Ambiente

Darf's mal etwas teurer sein? Für eine besonders feierliche Gelegenheit eignet sich das »La Rucola« in einem Gässchen neben der Via Dante. Stilvoll eingerichtet, hervorragender Service, der Grill brennt immer, Fleisch- und Fischgerichte sind von guter Qualität, die Antipasti vorzüglich. Mit Lit. 50 000-60 000 für ein Menü muss man rechnen. La Rucola, Vicolo Strentelle 7, Sirmione, Tel. 030-91 63 26.

Blickfang in Sirmione ist die mächtige Wasserburg der Skaliger

Zehn Touren, die allen Spaß machen

Eis, Maulbeerbäume und Seidenraupen

In dem Garten des Caffé dei Gelsi stehen zwei uralte Maulbeerbäume. Von ihren Blättern ernähren sich die Seidenraupen, die früher in Venetien gezüchtet wurden. Bis die Larven stark genug waren, das Gehäuse zu verlassen, trugen Frauen die Kokons zwischen ihren Brüsten. Die feinen Fäden der Kokons wurden dann zu Seide verarbeitet. Im Schatten der Bäume wird leckeres Eis serviert, manchmal auch mit Maulbeeren. Caffé dei Gelsi, Via Catullo 21, Tel. 030-990 40 31.

DER VENETISCHE LÖWE

Zwischen Wasser und dem Hotel Grifone ist über eine Treppe gleich die Via Gaetano Bocchio erreicht, an deren Ende man nach rechts geht und schon nach 50 Metern vor der Kirche **Santa Maria Maggiore** (15. Jh.) steht. Der Haupteingang ist auf der westlichen Seite zu finden. Unter der Säulenvorhalle beginnt ein Suchspiel: Welche der Säulen ist wohl römisch? Nach Betreten des einschiffigen Kirchenraums wende man sich nach rechts. Dort hängt an der Südwand der wertvollste Schatz der Kirche: Ein abgenommenes Fresko zeigt eine sehr plastisch wirkende Kreuzigungsszene. Wieder draußen, geht man um die Kirche rechts herum und erreicht über eine Treppe das Seeufer und die Passeggiata delle Muse, den Musenweg, der an einem großen Kiesplatz mit Freiluft-Restaurant beginnt. Der Spazierweg führt am Parco Maria Callas vorbei, in dessen Mitte auf dem Hügel das feine Villa Cortine Palace Hotel steht. Man sieht prächtig gewachsene Zypressen, Pinien, Lorbeerbäume und Palmen im Park.

Dahinter dampft die Boiola-Quelle aus dem See. Wer sie nicht gleich sieht, wird sie ganz sicher riechen: Das schon von den Römern geschätzte Heilwasser enthält Schwefel, was wie faule Eier riecht. Vorsichtig bewegen sich immer wieder ein paar Gesundheit suchende Spaziergänger am Rande der Quelle – im Zentrum sprudelt sie mit 70°C aus der Tiefe des Sees. Gleich hinter der Quelle liegt der Lido delle Bionde, der Blondinen-Strand, eine Badeanlage, der offizielle, schmale Strand Sirmiones mit Terrassen-Restaurant, Sonnenliegen und Tretbooten. Der Lido schließt mit einer hohen Felswand ab. Von hier aus kann man noch nicht sehen, dass auf der Höhe die ausgedehnte Villenanlage liegt, die den Namen des römischen Dichters Gaius Valerius Catullus (87-54 v. Chr.) trägt. Vom Lido aus erreicht man Sirmiones zweiten Höhepunkt – im doppelten Sinne des Wortes – über einen terrassierten Olivengarten. Ein paar Meter weiter ist die asphaltierte Via Caio Valerio Catullo erreicht, an deren nördlichem Ende sich die historische Anlage ausbreitet.

RÖMISCHE EDELVILLA

Der Weg zu den **Grotten des Catull** führt durch einen Olivengarten mit wuchernden Rosmarinhecken. Eine gute Gelegenheit, darüberzustreichen und den Geruch des Würzkrauts wahrzunehmen. Um die Anlage zu verstehen, sich einen Überblick zu verschaffen, sollte man das Südende suchen. Man muss wissen: Die Villa, die übrigens erst um 150 n. Chr. erbaut wurde, also rund 200 Jahre nach Catulls Tod, bestand aus drei Etagen. Dort, wo die Besucher von der Holzbrüstung nach Norden Richtung See schauen, steht man auf dem Boden der dritten Ebene. Ein paar ausgegrabene Grundmauern, Mosaikreste und Fußböden aus im Fischgrätmuster hochkant in die Erde gesetzten Ziegelsteinen geben Zeugnis davon. Eine Etage tiefer stehen ein paar restaurierte Pfeiler, Reste der 158 Meter langen Kryptosäulenhalle, einer überdachten Wandelhalle, in der die erholungsuchenden Römer bei Regen und gleißender Sonne ungestört lustwandeln konnten. Am nördlichen Ende des Olivengartens überblickt man die beiden unteren Etagen der noblen Römervilla, vielleicht sogar Erholungssitz des Imperators, am allerbesten. Die unterste Etage wird Aula dei Giganti, Saal der Riesen, genannt. Der Name kommt von den gigantischen Mauerbögen, die seit Jahrhunderten zu allerlei Rätselraten anregen. Wahrscheinlich sind die Bögen, deren Scheitel mit dem oberen Plateau ab-schließen, ganz profane Unterkonstruktionen, statische Notwendigkeiten, um am Ende der Felsnase Basis zu schaffen für eine harmonische, bis an den äußeren Rand reichende Gestaltung der beiden oberen Stockwerke, die wohl dem luxuriösen Wohnen, der Freizeitgestaltung und Gesundheitspflege der alten Römer dienten. Ganz unten wirken die Giganten-Bögen noch wuchtiger. Jetzt wird auch der irreführende Begriff »Grotten« deutlich: Im Volksmund wurden die Unterbauten, deren Sinn zunächst fraglich war, eben als Grotten, als nach vorne geöffnete Höhlen empfunden.

PAUSBACKIGE ENGEL IN SAN PIETRO

Vor der Museumsanlage wartet auf die Müden »Il Trenino«, eine kleine elektrische Bahn, die bis zum Beginn der Fußgängerzone in der Altstadt fährt. Wer frisch genug ist, sollte noch ein paar Schritte zur Kirche **San Pietro** in **Mavino** wagen. Das romanische Kirchlein (765 gegründet)

Paradies für Schleckermäuler: 90 Eissorten gibt es in Sirmiones Eisdielen

zeichnet sich durch seine vielen Fresken aus. Fast magisch zieht die Hauptapsis die Blicke auf sich. In der Hauptchorkapelle thront Christus, der Weltenrichter, unter ihm zeigen zwei Bildstreifen, wie die Toten aus den Gräbern steigen. Auf beiden Seiten fallen die Engel auf, lustig anzusehen, wie sie versuchen, mit fast zum Platzen aufgeblähten Backen einer langen Posaune Töne zu entlocken.

HINEIN IN DIE ALTSTADT

Nun geht es hinein in die Altstadt, in die Via Vittorio Emanuele, wo sich die Geschäfte aneinander reihen: lustiger Porzellankitsch mit Früchtekörben, Wachhunden, Tigern, Schweinen und Katzen, Messingarbeiten, Boutiquen, Läden mit Wein

90 Sorten Speiseeis

In der Mitte der Via Vittorio Emanuele stehen sich zwei zur Straße hin offene Eisgeschäfte gegenüber, Hausnummer 26 und 17. Im Break's Candy hat man die Auswahl zwischen 50, in der Gelateria Scaligeri zwischen 40 Eissorten, darunter Klassiker wie Zitronen- und Schokoladeneis oder Exoten wie Maracuja, Mango und Pistazie. Der Weg ist nicht zu verfehlen: Der süße Duft der Eiscreme ist schon von weitem zu schnuppern.

Zehn Touren, die allen Spaß machen

Mit aufgeblähten Backen blasen die Engel von San Pietro in Mavino die Posaune

und süßen Spezialitäten. Etwa in der Mitte der oft überfüllten Hauptgasse stehen die Leckermäuler vor den Eisdielen Schlange. Westlich der zentralen Gasse liegen große, schöne Plätze hintereinander, umrahmt von Restaurants, Pizzerien und Cafeterien. Der vorletzte der Plätze in Richtung Stadtende, die Piazza Carducci, führt zum Imbarcadero, zur Schiffsanlegestelle. An seinem Ende steht eine Büste des Gaius Valerius Catullus. Obwohl er bzw. seine Familie die Grotten nicht erbaut hatten, wohnten sie doch in Sirmione. Wohlhabend waren sie, doch ihr Sohn Gaius galt als Herumtreiber, führte ein liederliches Leben, kein Wunder, dass er nur 33 Jahre alt wurde. Doch Sirmiones Bürger verehren ihn, denn er war vor allem Dichter. Und eines seiner Gedichte widmete er seiner Stadt: »Salve, o venusta Sirmio« – »Sei gegrüßt, o liebliches Sirmione«, schwärmte Catull von seiner Wahlheimat, nannte sie das »Juwel aller Halbinseln«. Und so wie die alten Römer von Sirmione schwärmten, geht es auch heute vielen Besuchern.

ⓘ Touristeninformation, Via Marconi 2, Tel. 030-91 61 14. Geöffnet: Ostern-Ende Okt tgl. 9-21, sonst 9-12.30 und 15-18 Uhr.
Skaligerburg. Eintritt: Erw. Lit. 8000, Kinder die Hälfte. Geöffnet: Sommer Di-Sa 9-18, So 9-13, Winter Di-So 9-13 Uhr, Mo geschl.
Santa Maria Maggiore und San Pietro in Mavino. Geöffnet: Täglich von morgens bis Sonnenuntergang.
Grotten des Catull und Museum. Eintritt: Erw. Lit. 8000, Kinder die Hälfte. Geöffnet: Tägl. 9-18 Uhr.

Zehn Touren, die allen Spaß machen

Tour 8: Kapitän für einen Tag

Gargnano • Maderno • Gardone • Salò • Desenzano

Wo: im Südwesten des Gardasees - Wie: mit dem Schiff - Dauer: Halbtagestour - Nicht vergessen: Windjacke, evt Halstuch, Kopfbedeckung, Sonnenbrille

Eisschlecken am See

Hinter dem Bootshafen, direkt am See, liegt Gargnanos beste Eisdiele. Die köstliche Eiscreme wird in einer kleinen Speiseeisfabrik des Ortes hergestellt. Außerdem gibt es herrlich duftende Brioches. Und für die Eltern interessant: Die Brüder Massimo und Andrea servieren auch einen wundervollen Cappuccino.
Gelateria Azzura, Gargnano, Lungo Lago Zanardelli 9, Tel. 0365-733 88.

Eine Seefahrt die ist lustig ..., vor allem, wenn man eine Strecke wählt, die zu vielen hübschen Städtchen führt. Start ist das lebhafte Gargnano. Die ersten zwei Stopps in Maderno und Gardone zeigen die Uferfront mit sehenswerten Kirchen und edlen Hotels, wo der Tourismus des Westufers seinen Anfang nahm. Dann fährt das Schiff in die fjordähnliche Bucht von Salò, tuckert an Halbinseln

In Zweierreihen geordnet geht's an Bord

Zehn Touren, die allen Spaß machen

Für kleine Pedalritter

Für den ersten Ausritt der kleinen Pedalritter sind viele Routen zu verkehrsbelastet oder zu steil. Eine flache Übungsstrecke gibt es im Valténesi bei Moniga. Startpunkt ist die sehenswerte Kirche Madonna della Nieve. Dann Richtung Soiano, rund um den Monte del Monache, Richtung Solarolo di Manerba, im Kreis wieder zurück nach Moniga, dort Abstecher in das Festungsdorf. Markierung: Weg Nr. 7, Il Cigno (Schwan), 11 km unbefestigte Wege. Karten: La Valténesi, Adresse S. 153.

und der Isola del Garda vorbei in die Südwestecke des Sees, nach Desenzano, wo in einer römischen Villa Amors Gehilfen auf einen Besuch warten. Das ständige An- und Ablegen, die Begegnungen mit anderen Booten, Surfern und Seglern machen die Seefahrt für alle Altersgruppen abwechslungsreich, auch für die Kleinsten. Die Städtchen mit edlen Villen, Palästen und Kirchen sind von Bord eines Battello aus viel genussvoller zu erleben. In aller Gemütlichkeit kann der Familienrat überlegen, welcher Ort ausgiebiger besucht werden soll, sei es bei einer Unterbrechung der Seereise oder an einem anderen Tag mit dem Auto.

GEMÜTLICHES GARGNANO

Wenn der Ticketbeamte in **Gargnano** seinen Espresso in der Bar getrunken hat, die Schildmütze aufsetzt und zur Schiffs-Landestelle eilt, ist es Zeit, das Biglietto zu kaufen.
Das von modernen Betonkästen verschonte, gemütliche Städtchen Gargnano wird an der Hafenfront geprägt von der Villa Feltrinelli, Dependance der Mailänder Universität, der mit Orangenbäumchen geschmückten Cafeteria-Piazza mit dem früheren Palazzo Comunale (Ende 1500) und den hölzernen Uferstegen, die den kleinen Bootshafen, vorbei am alten Frantoio, der Ölpresse, mit der Straße nach Bogliaco verbinden.
Die hübsche Front vor dem Bergzug Richtung Sasso und Navazzo kann vom Schiff aus mit einem Blick aufgenommen werden. Dann fällt oben, über dem Teilort Bogliaco, der Turm der Kirche San Pier d'Agrino auf mit seiner Sonnenuhr und nebenan das Santuario mit einem beeindruckenden Kruzifix. Der Christus aus Holz hat echte Haare.

LANGSAM MIT MEHR PLATZ

Für einen erlebnisreichen Törn sollten die Ausflügler eines der langsamen Boote wählen, denn in den Aliscavi, den Tragflügelbooten oder den Katamaranen ist man eingesperrt, kein Freilauf für ein Fangespiel. Auf den Motorschiffen hingegen hängen die Nasen im Wind, gibt es reichlich Raum und Plätze an Sonne und Frischluft. Vor allem auf den in der Hauptsaison auch als Autofähre einsetzbaren großen Kähnen mit den Namen Brennero, Tonale oder Brescia wird die Tour zum Erlebnis: treppauf, treppab, durch den Speisesaal oder einen Stock höher an die Bar, wieder runter nach achtern, wo man die Einzelstühle stellen kann, wie man will, wo die langen, di-

Erfrischung in Salò

Wer das charmante Salò am nördlichen Teil des schmalen Fjordes besucht und am Lungolago bummelt, kommt zwangsläufig an der Bar Italia vorbei. Ein Blick auf die Getränkekarte lohnt sich, denn hier gibt es fantasievolle Cocktails, erfrischende Getränke in monströsen Glasbechern, für Groß und Klein eine sommerliche Freude. Bar Italia, Salò, Lungolago Zanardelli 24, Tel. 0365-214 79.

Aufbruch zur Bootstour rund um den See

Zehn Touren, die allen Spaß machen

cken Taue in Drahtkäfigen liegen, hinter einem Seil die Schiffsglocke mit heraushängendem Klöppel so verführerisch nahe vor der Nase hängt.

Bei so viel Spielraum kann man leicht die Villa Bettoni in Bogliaco übersehen, deren mythologische Figuren auf dem Dachsims tänzeln. Oder die Papierfabriken von Toscolano, deren rauchende Schlote Betriebsamkeit verraten. Schließlich läuft das Boot in den Hafen von **Maderno** ein. Zunächst stört die unförmige, viel zu groß geratene Pfarrkirche Sant' Ercolao, die dem mittelalterlichen Stadtbild einen hässlichen weißen Fleck verpasst. Doch lohnt sich ein Bummel durch die Gassen und vor allem ein Besuch der erst beim zweiten Blick auffallenden langobardisch-romanischen Kirche **Sant' Andrea Apostolo** mit herrlichen Steinmetzarbeiten und Fresken.

Ein so netter Passagier darf schon einmal die Schiffsglocke bedienen

SCHLAGSEITE IN GARDONE

Langsam tuckert das Schiff Richtung **Gardone Riviera**. Hier bekommt es fast Schlagseite, weil alles nach Steuerbord an die Reling eilt. Schlag auf Schlag folgen die Bauwerke und Sehenswürdigkeiten hintereinander, zuerst die ockerfarbene Villa Fiordaliso, 1943 Quartier von Mussolinis Geliebter Claretta Petacci und heute ein ganz feines, kleines Hotel, dann die Torre San Marco, ein etwas seltsamer Hafenturm, über dem das Vittoriale aus dem Park heraussticht, jenes schwulstige Ensemble des – außer in Italien – umstrittenen Schriftstellers und Helden Gabriele D'Annunzio. Aus der Reihe der am Ufer aufgereihten Villen und Gärten gewinnt das mit Türmchen geschmückte Grand Hotel die meisten Bewunderungsrufe. Der Deutsche Ludwig Wimmer hatte es 1880 bauen lassen und eröffnete damit den Tourismus der Stadt und des Westufers überhaupt. Wer dann an der schmucken Bootsanlegestelle aussteigt, strebt zum Giardino Botanico Hruska, einem botanischen Zauberwald (siehe S. 113), und vielleicht noch etwas weiter zum Vittoriale, an dem sich mancher Streit über guten Geschmack entzündet (siehe S. 116).

KUNSTSCHÄTZE IN SALÒ

Auf der Weiterfahrt rücken die Ufer immer enger aneinander, fast sieht es so aus, als sei hier das Ende des Sees erreicht. Doch das Schiff macht lediglich einen Abstecher in die Bucht von **Salò**, an deren Ende der elegante Badeort Salò sich ausbreitet. Mächtig und wichtig fällt der spätgotische Dom **Santa Maria Annunziata** ins Auge. Seine Kunstschätze, darunter das berühmte Kuppelfresko und Romaninos (1486-1560) Meisterwerk »Sant'Antonio von Padua« lohnen einen Stopp. Wer weiterschippern möchte, begnügt sich mit der an der Piazza della Vittoria stehenden Reihe sehenswerter Gebäude, darunter das prächtige, durch einen Laubengang verbundene Ensemble mit der veneziani-

Zehn Touren, die allen Spaß machen

Die Schiffsfahrt führt auch am eleganten Salò vorbei

schen Fassade des alten Rathauses und dem venezianischen Palazzo della Magnifica Patria.
Auf der anderen Seite der fjordähnlichen Bucht wird es ländlich, zwischen Wiesen und Wäldern liegen einzelne Ferienhäuser, das kleine Portese wird von lang gezogenen Kiesstränden eingerahmt, Tretboote mit heftig kurbelnden Kindern umkreisen das Schiff. Am Ende der Bucht liegt die kleine Isola di Garda, 110 Meter lang, 60 Meter breit, eine Villa ist zu erkennen, mehr bleibt uns verborgen, denn das Inselchen ist in Privatbesitz. Der Kapitän lässt sein dumpfes Horn warnend über die Wellen schallen, schreckt den Fahrer eines Motorbootes auf, der, einen Gleitschirm im Schlepp, auf das Linienschiff zurast.

BURGEN IM VALTÉNESI

Hinter der Insel dreht das Battello wieder nach Süden ab. Am Westufer, der hügeligen Halbinsel des Valténesi, leuchtet die Ruine der Burg von Manerba aus 200 Meter Höhe von der Spitze einer Landzunge herab. Die Rocca wurde im 8. Jahrhundert von den Langobarden gebaut, 774 von Karl dem Großen bei seinem Kampf gegen die Langobarden belagert, wo sich König Desiderius gegen die Franken lange verteidigte, dann aber doch gefangen genommen wurde und im Kerker des Frankenkönigs starb. 1787 wurde schließlich die Burg von Manerba von den Franzosen zerstört.
Bei der Weiterfahrt entdeckt man weitere Burgen und fragt sich, weshalb gerade hier so viel verteidigt werden musste. Die Antwort: Hier im südlichen Teil ist Schluss mit den steilen Felswänden, das fruchtbare Land geht flach zum Wasser, also für jeden Herrscher ein wichtiger und leicht einnehmbarer Landstrich. Und wer das Land einmal hatte, baute Festungen, um den Besitz vor der Gier anderer Herrscher zu schützen. Zu diesem Verteidigungswall gehörte auch das von Bord aus zu sehende Kastell von Moniga sowie ein paar Kilometer weiter südlich das von Padenghe. Manerba und Moniga haben einen Hafen, an dem die Linienschiffe anlegen, in Pa-

denghe wird nicht gestoppt. Je nach Fahrplan wird das südöstlich liegende Sirmione als nächste Station angefahren (siehe S. 77). Endstation der hier beschriebenen Tour ist Desenzano, wo man sich auf die Rückfahrt vorbereiten muss.

AMORS GEHILFEN IM WEINBERG

Ein Aufenthalt in **Desenzano**, ein Ort, der schon um 2000 v. Chr. besiedelt war, wie Funde von Pfahlbauten beweisen, muss aus zwei Gründen sein. Nach einem Bummel durch die farbenfrohe Fußgängerzone, vorbei am von Fischerbooten besetzten alten Hafen, öffnet sich das Portal der Pfarrkirche **Santa Maria Maddalena**, in deren Sakramentskapelle eine große Überraschung wartet: Hier hängt Giovanni Battista Tiepolos (1696-1770) in seiner Perspektive ungewöhnliches »Letztes Abendmahl«. Wer bereits andere Darstellungen des Abendmahls mit den zwölf Jüngern gesehen hat, wird erkennen, dass bei Tiepolo Jesus nicht wie üblich in der Mitte platziert wurde, sondern links außen.

Hinter der Pfarrkirche führt die Via Crocifisso zum zweiten Höhepunkt Desenzanos: Die **Villa Romana** (1.-4. Jh.) ist sicher Oberitaliens schönste römische Anlage mit einem sehenswerten, übersichtlichen Museum. Für die Familie bietet sich als Höhepunkt die Prunkvilla mit den vielfarbigen Mosaiken an – 30 Farben hat man gezählt. Der Liebesgott Amor ist üblicherweise von geflügelten kleinen Knirpsen umgeben, mit umgeschnalltem Köcher, in der Hand den Bogen, mit dem sie Pfeile auf Menschen schießen, die dann in Liebe entflammen. Das ist die normale Arbeit der Amorini, der listigen Gehilfen Amors. In der Villa Romana in Desenzano haben römische Künstler die Liebesgesellen umgeschult. Hier mussten sie Köcher und Pfeile zur Seite legen, den Bauern und Fischern zu Hilfe eilen. So entdeckt man die nackten Bürschchen bei der Weinernte, sie sitzen in den Bäumen und pflücken Obst, andere fahren mit dem Boot auf dem Gardasee, um Forellen und Sardinen zu angeln. Der römische Künstler scheint schon vor 1700 Jahren gewusst zu haben, wie man eine Sehenswürdigkeit dekoriert, um bei Jung und Alt beachtet zu werden.

ⓘ **Information** in Gargnano, Piazza del Porto/altes Rathaus, Tel. 0365-712 22. Geöffnet: Tägl. 9-12 und 15.30-18.30 Uhr, So nachm. und Mo vorm. geschl.

Information in Maderno, Lungolago Zanardelli 18, Tel. 0365-64 13 30. Geöffnet: Tägl. 9-12.30 und 15.30-18.30 Uhr, So 9-12.30 Uhr.

Sant'Andrea Apostolo in Maderno, Via Roma. Geöffnet: Tägl. 8-11.30 und 15.30-19 Uhr.

Information in Salò, Palazzo Comunale, Tel. 0365-214 23. Tägl. 9-12.30 u. 15.30-18.30, So nur vormittags.

Santa Maria Annunziata in Salò, Via Duomo. Mittags geschl.

Information in Desenzano, Via Porto Vecchio 34, Tel. 030-914 15 10. Geöffnet: Tägl. 9-12.30 und 15-19 Uhr, So 9-12 Uhr.

Santa Maria Maddalena in Desenzano, Piazza Duomo. Geöffnet: 7.30-11.30 und 15-18 Uhr.

Villa Romana in Desenzano, Via Crocefisso 22. Eintritt: Erw. Lit. 4000, Kinder bis 18 Jahre frei. Geöffnet: April-Sept 9-18.30, Okt/März 9-17.30, Nov-Febr 9-16 Uhr.

Individuelle Schiffstouren

Wer Fahrpläne lesen kann, sollte sich seine Tour selbst zusammenstellen, der Beamte am Ticket-Schalter hilft auch, günstige Rundtouren herauszufinden. Man sollte vorher wissen, wo man aussteigen will, weil dann immer wieder ein neuer Fahrschein gelöst werden muss. Günstig sind auch Tageskarten, sie berechtigen zu beliebig vielen Stopps. Informationen: Navigazione Lago di Garda, Piazza Matteotti s/n, Desenzano, Tel. 030-914 95 11, Fax 030-914 95 20 und Tel. 800-55 18 01 (kostenlos).

Zehn Touren, die allen Spaß machen

Tour 9: Auf historischen Wegen in den Fels

Parco Alto Garda Bresciano

Wo: westlich des Ufergebiets zwischen Salò und Limone - Wie: zu Fuß - Dauer: zw. 2 und 4 Stunden - Nicht vergessen: gutes Schuhwerk, Windjacke, Wasser, Proviant

Der Naturpark des Brescianer Hohen Gardaseegebiets (Parco Alto Garda Bresciano) erstreckt sich über eine Fläche von 38 000 Hektar. Unzählig sind dort die Möglichkeiten für Wanderungen, manche nur für leidenschaftliche Bergsteiger geeignet. Die drei folgenden Touren sind vergleichsweise einfach und führen in die Schönheiten des Parks ein. Die Tour ins Papiermühlental bei Toscolano ist sogar mit schottergeeigneten Buggys zu bewältigen; der Weg zur Kapelle des hl. Valentin ab Sasso eignet sich nur ein Stück für den Buggy, dann sind Wanderschuhe und gut trainierte Muskeln gefordert, für die Kleinen starke Schultern (des Vaters), Schwindelfreiheit vorausgesetzt; die Wanderung hinauf zur Hochebene von Tignale und abwärts nach Campione ist nur kräftigen Wanderern zu empfehlen, die Kinder sollten schon etwa acht Jahre alt und gut trainiert sein, ordentliche Wanderschuhe sind Voraussetzung für diese Tour.

An vielen Wanderwegen im Naturpark findet man Plätze für Grill und Picknick

Zehn Touren, die allen Spaß machen

Frischer Fisch für den Apartment-Tisch

Selbstversorger, die gerne Fisch essen, finden in Maderno, gleich hinter dem Upim-Kaufhaus das Fischgeschäft Marelago. Es hat eine unglaublich große Auswahl an Meeresfrüchten und Fischen vom Meer und vom Gardasee zu bieten. Hummer schwimmen im Bassin, die frischen Muscheln spucken noch aus dem Wasser. Das freundliche Personal bereitet alles auf Wunsch küchenfertig zu. Marelago, Maderno, Via Giordani 11, Tel. 0365-64 36 71.

1. WANDERUNG IN DAS PAPIERMÜHLEN-TAL

Ein Blick auf die Wanderkarte zeigt, dass sich bei Toscolano und Maderno eine breite Halbinsel in den Gardasee hineinschiebt. Es handelt sich um ein Delta, vom Toscolano-Fluss im Lauf von Jahrmillionen gebildet. An der Brücke gibt es reichlich Parkplätze, denn die Tour das Tal aufwärts ist für die Einheimischen ein üblicher Wochenendausflug (ca. 50 Min. Fußweg). Der Weg führt durch die Via Valle delle Cartiere, eine Aussage über die frühere Bedeutung des Tals: Mit der von der Natur geschenkten Wasserkraft wurden nämlich die Mühlen der Papierfabriken (cartiere) angetrieben. 25 Papierbetriebe standen Mitte des 19. Jahrhunderts am Fluss, heute arbeiten nur noch zwei Fabriken in Toscolano. Der Weg in das Tal der Papiermühlen beginnt recht breit, wird aber zusehends enger. Auf der linken Seite rauscht der Bach. Zwei kurze Tunnels, aus deren Decken es ständig tropft, müssen durchquert werden. Zwischen ihnen, auf der westlichen Seite, also links, löst sich das Rätsel eines schon Minuten vorher hörbaren Geräusches: Aus etwa 60 Meter Höhe stürzt ein Wasserfall in das Bachbett.

DAS GRÜNE MONSTER

Jetzt beginnt der unbefestigte Weg, rechts ragt die Felswand steil in die Höhe. Wie aus einem vollen Schwamm tropft ständig Wasser aus den kalkhaltigen Steinen. Zum Schutz vor abbröckelndem Gestein ist die Naturmauer mit einem Drahtgeflecht überzogen. Ein Blick zwischen die Maschen lohnt sich: Am feuchten Fels, dort wo der Kalk zwischen den Ritzen als Sand hängen blieb, senkt das Alpenfettblatt seine Wurzeln in das Gebrösel. Neugierigen Fingern, die der flach liegenden Rosette mit ovalen, am Rand eingerollten Blättern nahe kommen, meldet das Gehirn ein ziemlich gruseliges Gefühl: weich, leicht klebrig. Wer dann auch noch mit scharfen Augen die dunklen Flecken auf den Blättern analysiert, entdeckt dort Mumien von Insekten. Das Alpenfettblatt ist die einzige fleischfressende Pflanze des Gardagebiets. In den kalkigen Felsen findet sie kaum Nährstoffe. So entwickelte sie die Fähigkeit, ihren Stickstoffbedarf durch gefangene Fliegen und Mücken zu decken, die das grüne Monster mit seinen Säften langsam auflöst. Als Lockvogel dienen auf langen Stengeln sitzende weiße Blütentrichter, die im sanften Wind verführerisch winken.

Pfeifen im Wald

Mit dem Fruchtbecher der Eichelfrucht kann man lautes Pfeifen üben. Man klemmt den Fruchtbecher mit der Öffnung zum Gesicht zwischen Zeige- und Mittelfinger, ganz dicht am Ansatz zum Handrücken. Dann setzt man bei geschlossener Hand die Kuppen der beiden mittleren Fingergelenke an den Mund und stößt Luft in Richtung Fruchtbecher. Man muss etwas jonglieren, bis die richtige Konstellation herausgefunden ist, bald aber gilt man als richtiger Pfiffikus.

Zehn Touren, die allen Spaß machen

Die Wanderung zum Kirchlein des heiligen Valentin fordert die Beinmuskulatur

WILDROMANTIK

Wer jetzt ebenfalls Bedarf an Zufuhr von (allerdings mitgebrachten) Nährstoffen entwickelt hat, findet nach dem dritten Tunnel einen Picknickplatz. Ein paar Schritte weiter folgt der vierte Tunnel, jenseits des Bachs stehen die Ruinen einer Papiermühle. Wer ohne lange anzuhalten etwa eine halbe Stunde unterwegs war, erreicht einen Gebäudekomplex der Unione Pescatori Dilettanti del Garda.
Die Hobbyangler haben hier ihren Sitz. Ab hier ist die Fortsetzung nur noch per pedes zugelassen. Waren schon bisher viele Naturerlebnisse geboten, jetzt beginnt Natur pur. Der engere Weg ist von Lorbeerwald und Brombeerhecken gesäumt, dazwischen glitzern die Blätter einzelner Olivenbäume. Efeuranken haben eine Ruine umschlungen. An der nördlichen Seite sind die Mauern zurückgewichen, kann man in die frühere Bottichhalle eindringen. Die Tröge, in die die zermanschte Masse aus Holz, altem Papier und alten Stofffetzen gegossen wurde, sind noch gut zu erkennen. Im Nebenraum standen die Nasspressen, die das Büttenpapier schufen, Papier für Werke von Boccaccio, Dante und Petrarca.
Über Treppenstufen gelangt man bequem zum Bachbett, ein paar steinumrandete Grillkreise laden zum Picknick ein. Etwas weiter führt eine Brücke nach rechts über den Toscolano. Den Weg säumen Buchen und Ginsterbüsche, schon wieder eine Papierfabrik-Ruine, neben einem aus dem Hang quellenden Rinnsal steht die Urpflanze Schachtelhalm, vor Jahrzehnten noch wegen der Kieselsäure zum Putzen von Zinngeschirr und verkalkten Flaschen verwendet. Eine neue Holzbrücke bildet das vorläufige Ende der Wandertour. Jenseits des Fußgängerstegs haben die Scouts ihr Camp. Davor gibt es auch für Nichtmitglieder genügend Platz für ein Picknick. Dahinter, von Bäumen verborgen, steht die 1997 restaurierte Chiesa dei Santi Filippo e Giacomo aus dem 16. Jahrhundert.

Zehn Touren, die allen Spaß machen

Es huscht und kreucht

Bei den ersten huschenden Geräuschen im Gras denken viele unwillkürlich an Schlangen. Es handelt sich aber meistens um völlig ungefährliche Eidechsen. Die Smaragdeidechse mit leuchtend grünen Seitenflächen ist zu entdecken, in höheren Bereichen ist es vorwiegend die graubraune Bergeidechse. Wer Nahaufnahmen machen will, muss sich ganz langsam auf die Amphibie zubewegen und dabei beruhigende Schnalzlaute mit Zunge und Gaumen erzeugen.

2. WANDERUNG ZUM HEILIGEN VALENTIN

Sasso liegt etwa 500 Meter oberhalb von Gargnano. Nach acht Kilometern erreicht man eine Kreuzung: Links geht es nach Navazzo, rechts zu dem kleinen Ort. Selbst geländegängige Buggys müssen im Kofferraum gelassen werden, wenn in Sasso der Weg zur Kapelle des heiligen Valentin in Angriff genommen wird (ca. 1 Std. für einen Weg). 40 Minuten Gehzeit steht auf einem hölzernen Wegweiser.

Dort, wo der Wanderpfad beginnt, fließt Wasser in die Tröge eines alten Waschplatzes. Zunächst bleibt der Kurs eben, doch dann beginnt der mühsame Aufstieg über Wurzeln und Steinen gepflasterte Pfade. Auf jedem Plateau hofft man, die Klause des Valentino zu sehen, doch sie versteckt sich hinter den sieben Bergen. Nun beginnen allmählich enge Bergpfade, die an der rechten Seite, im Osten, durch steil abfallende Felsen begrenzt werden. Spätestens hier scheiden sich die Ungestümen von den vom Schwindel Geplagten. Die Mutigen unter ihnen lernen, an der Bergseite Tuchfühlung mit dem Hang zu suchen, möglichst schnell die von den Einheimischen »Scheidung auf Italienisch« genannten Abstürze zu passieren. Das letzte Stück Maultiersteig geht treppenartig nach unten, immer in kleinsten Serpentinen und auf in den Fels gehauenen Stufen durch den mit Buchen und Felsenbirnen gesäumten Weg. Dann geht es noch einmal mühsam und eng nach oben, eine Holztür muss zurückgeschoben werden – endlich steht das Valentin-Kirchlein vor den erschöpften Wanderern. Wohl jenen, die genügend Proviant im Rucksack haben. Erstens will man das lauschige Plätzchen mit schattigen Wiesen und schönem Ausblick auf den Gardasee längere Zeit genießen. Zweitens wurde unter der überhängenden Felswand ein großer Grill eingerichtet, das notwendige Gerät steht jedermann zur Verfügung.

3. WANDERUNG DURCH DIE HAFENGASSE IN DEN BERGEN

Ein größeres Unternehmen ist die Wanderung vom Ufer auf alten Pfaden hoch zur Hochebene von Tignale und dann durch die Michele-Schlucht wieder abwärts nach Campione (ca. 3-4 Std.). Der Startpunkt liegt zwischen Gargnano und Campione, auf manchen Karten mit Prato della Fame ausgewiesen, übersetzt: die Hungerwiese. Hier steht das Hotel Al Pra' mit Restaurant neben einer Limonaia, einem mehrmals in der Woche geöffneten historischen Zitronen-Gewächshaus.

Die beste Pizza über dem See

In Navazzo, drei Kilometer westlich von Sasso, dem Startpunkt zum Valentin-Kirchlein, steht ein Restaurant mit dem seltsamen Namen »Running Club«. Hier macht Giacomo die besten Pizzen der Gegend, etwa 20 Variationen. Aber auch die Pasta und die Carne salada von Eleonore munden hervorragend.
Running Club, Navazzo, Via Mons. G. Tavernini 50, Tel. 0365-728 88, im Winter mittwochs geschlossen.

Zehn Touren, die allen Spaß machen

Die Wanderwege im Parco Alto Garda Bresciano sind gut ausgezeichnet

Durch einen Hausbogen (Wegzeichen beachten) gehen die Wanderer auf die Strecke, steigen nach links eine Treppe hoch, und schon sehen sie die deutliche Wegweisung in Rot-Weiß: den Weg Nr. 260. Nach wenigen Minuten führt eine schmale Brücke – ohne Geländer, Hunde und kleine Kinder an die Leine! – über einen durch eine enge Schlucht tobenden Wasserfall. Dann beginnt der zähe Aufstieg, immer aufwärts, mühsam über die in den Fels gehauenen Stufen. Es ist gut, jetzt schon zu wissen, dass nach etwa 50 Minuten die erste und schwierigste Etappe gewonnen, ein Aussichtsplateau erreicht ist. Doch vorher fordert die Natur ihren Respekt: mit von Zypressen, Lorbeer, Steineichen und Goldregen bestandenen Hängen, mit Ausblick auf den See, den Monte Baldo und auf die wie Spielzeug wirkenden Städtchen dort unten. Dann der versprochene Rastplatz, ein Olivenhain mit Wiese, freier Blick nach Osten und Süden, die Autofähren Torri-Maderno kreuzen sich in der Mitte des Sees, das Tragflügelboot von Riva nach Desenzano pflügt sanft die Oberfläche des Wassers.

Weiter oben liegt das Dörfchen Oldesio. Jenseits der Hauptstraße beginnt die aufwärts steigende Ortsstraße mit dem für ein Bergdorf seltsamen Namen Via Porto, also Hafenstraße. Spätestens hier nehmen die Wanderer wahr, dass sie einem historischen Pfad gefolgt sind. Die Erklärung: Bis in das 20. Jahrhundert war das Westufer des Gardasees ohne Straßen. Die Dorfbewohner hatten unten ihren Porto di Tignale, den Hafen für die Bergdörfer. Hier wurden Lebensmittel und Geräte für Haus, Stall und Scheune angeschifft, mühsam auf dem Rücken von Mensch und Maulesel über den heutigen Wanderweg nach oben geschafft. Eine halbe Stunde oberhalb von Oldesio (Weg Nr. 265, Sentiero Montagnoli) liegt Gárdola. Der Ort ist gut für eine längere Rast, für eine stärkende Mahlzeit, falls die Tour über Prabione und durch die Michele-Schlucht nach Campione (Weg Nr. 266) fortgesetzt werden soll. Wer aber meint, es reiche jetzt, findet Busverbindungen zur Gardesana Occidentale, der Straße mit der Haltestelle Prato della Fame, dem Beginn der Wanderung.

Bis in die 30er-Jahre war dieser Weg die einzige Verbindung von Tignale zum See

Tour 10: Die kleinen Schwestern

Lago di Valvestino • Lago d'Idro • Lago di Ledro

Wo: im Westen und Nordwesten des Gardasees – Wie: mit dem Auto – Dauer: mit Picknickpausen ein Tag – Nicht vergessen: Badezeug

Der Autoausflug erstreckt sich von Gargnano zum Idro- und Ledro-See, von dort abwärts nach Riva über knapp 90 Kilometer. Wer vom Süden des Gardasees oder vom Westufer die Seentour über das Valvestino zum Idro- und danach zum Ledro-See wählt, findet den Einstieg in diese wasserreiche, dicht bewaldete Landschaft nur in Gargnano. Und wer am Lenkrad sitzt, darf nicht mit dem linken Fuß aufgestanden sein, sollte gut ausgeschlafen haben. Die Mannschaft im Auto muss kurvenfest, für Empfindliche sollte eine Spucktüte griffbereit sein. Der Grund: Die ersten 30 Kilometer zwischen Gargnano und dem Idrosee haben es in sich, eine Kurve folgt der anderen, die Fahrspur ist eng, die steilen, oft überhängenden Felswände bestrafen jeden Fahrfehler unerbittlich. Hinzu kommt in der Hauptsaison ein starker Gegenverkehr, vor allem Motorrad- und Fahrradgruppen schätzen diese kurvenreiche Strecke und kommen manchmal in beklemmender Schräglage und mit großem Platzbedarf aus den Kurven geschossen. Um den **Lago di Valvestino** allseits ohne Nervenstress genießen zu können, sollte man bis zu den Halteplätzen nach beiden Brücken warten. Der tiefgrüne Stausee liegt weit unten, man kann schlecht absteigen, um an seinen Ufern zu plätschern. Von vielen Bächen, vor allem aber vom Toscolano-Fluss gespeist, wurde er in den 60er-Jahren angelegt, um für die Stromversorgung des Gebiets um Gargnano Turbinen anzutreiben. 124 Meter hoch ist die Staumauer, 286 Meter die Länge ihrer Krone, wenn der See ganz gefüllt ist, fasst er 47 Millionen Kubikmeter Wasser. Imposant, doch für Ausflügler ist der gestaute Lago nicht mehr als ein Gucksee.

DAS OSTUFER DES IDRO-SEES

Am Ende des Staubeckens, in Molino di Bollone, führt ein Brückchen über den rauschenden Toscolano. Kurz darauf, nach einer weiteren Brücke, geht eine schmale Straße nach Westen ab Richtung Capovalle. Die Strecke über den Passo San Rocco (1020 m) ist trotz der Kurven etwas gemütlicher, man nimmt eher die aus dem Fels wachsenden Büschel von Glockenblumen wahr und die hellgrüne Felsenbirne mit ihren haselnussgroßen, blauschwarzen Früchten. Nach etwa 25 Kilometern anstrengender Fahrt kündigt ein kurzer dunkler Tunnel den Wechsel an. An seinem Ende sind die letzten Kurven bis runter zum **Idro-See** zu übersehen, fotogen liegt Crone am Wasser, der Ortskern ist an seinen alten Ziegeldächern zu erkennen. Nach den Strapazen der Autofahrt ist eine Ruhepause angesagt, eine Erfrischung im See vielleicht. Dazu eignet sich am besten das Ostufer, das von Crone aus auf sechs Kilometern für Fahrzeuge ausgebaut wurde. In dem kleinen Ort mit neuem, großem Parkplatz bekommen Selbstversorger alles für ein schönes Picknick. Wer Badeplätze sucht, findet sie kurz vor Vantone am Campingplatz Belvedere (mit Restaurant), schmale Kiesstreifen entlang der Straße, und am Endpunkt, an der Nordspitze der Feriensiedlung Vesta, einen breiten, tiefen öffentlichen Kiesstrand mit Bootsverleih.

SPARSAMES ANGLERGLÜCK

Am Rande des romantischen Sees schwimmen Schwärme von Forellen, an anderen Stellen, in Lemprato beispielsweise, in der Nähe eines Schilfgürtels, stehen

Die Kröte Bufo bufo

Vier Kilometer hinter Crone fallen mit Plastikbahnen angelegte Sperren auf. Auf der einen Seite liegen sie im Wald, auf der anderen am Seeufer. Mehrfach münden die Sperren jeweils in einen kleinen Tunnel, der unter der Straße durchführt. Sie sind für die Erdkröte (Bufo bufo) gedacht, die im Frühjahr vom Wald zu den Laichplätzen im See wechselt. Ohne Menschenhilfe wären die Tiere durch den Straßenverkehr sicher schon ausgerottet worden.

stumme Angler und wundern sich über das sparsame Glück. Vielleicht werden die Fische vertrieben vom Gekreisch der planschenden Badegäste, die am Strand der Südspitze ihr Vergnügen finden. Die Straße zum Ledro-See führt immer am Westufer des Idro-Sees entlang, der einzige Ort mit Camping und Kiesstrand auf dieser Seite ist Anto. Wie so oft im oberitalienischen Seengebiet, hat auch hier ein Bergbach mit herangeschleppten Steinen und Erde ein in den See hineinragendes Delta gebildet. Auf gleiche Weise kam auch die flache Landschaft südlich des Ortes Ponte Caffaro zustande. Der aus dem Norden kommende Chiese-Fluss hat im Lauf der Jahrtausende dieses Werk vollbracht, neues Ackerland geschaffen.

DAS POLENTA-LAND

Nördlich des letzten Ortes am Idro-See führt die Straße an einer Kreuzung über den breiten Fluss nach Westen zum Ledro-See, zunächst in den sehenswerten Ort Storo. Im Kern des bäuerlichen Fleckens fallen die hohen Häuser auf, deren letzte Stockwerke aus offenen, hölzernen Trockenböden bestehen. Starke Holzwinden mit Seilen hängen an der Hauptöffnung des Firstes. In den geräumigen Lagerräumen ist Holz gestapelt, Wäsche flattert auf der Leine, einige bewahren hier ihren Heuvorrat auf, andere haben Maiskolben geschichtet. Die Lagerung von Mais war der ursprüngliche Sinn der luftigen Trockenböden, wegen des großen Gewichts benötigte man die leistungsstarken Seilwinden. Der Maisanbau spielt auch heute noch in der gesamten Valle de Chiese, auch in anderen Gebieten des Trentino

Romantisch zwischen den Bergen liegt der kleine Idro-See

Zehn Touren, die allen Spaß machen

Bootshafen von Crone am Idro-See

eine große Rolle. In den Bergen Oberitaliens gehört die aus Maisgries gekochte Polenta, ein schnittfester Maisbrei, zur traditionellen Küche, ist als Beilage zu Fleischgerichten, Fisch und Steinpilzen nicht wegzudenken. Im oberen Teil des Ortes lohnt die äußerlich etwas unscheinbare Kirche **San Floriano Martire** einen Besuch. Der Barockbau birgt eine Reihe wertvoller Schätze, unter anderem die vergoldete Holzorgel (1665) links neben dem Hauptaltar. Bildhauer aus Bergamo haben das Kunstwerk geschnitzt, viele musizierende Engel und florale Schnitzbilder verzieren das Werk, in der Mitte der heilige Florian auf einem Pferd. Auch das Altarbild zeigt Florian als Reiter, an seiner Seite die Heiligen Andreas und Johannes der Täufer.

KALKÖFEN UND PALETTEN

Ab Storo führt die Straße bergauf durch eine wilde Landschaft. Hier hat der rauschende Torrente Palvico eine tiefe Schlucht gegraben, die steilen Kalkfelsen ragen weit in den Himmel. Ein Wasserfall reizt zum Stopp und weiter oben ein paar verlassene Kalköfen. Den ersten auf der rechten Seite kann man noch missen, aber ein paar Kilometer weiter, die Straße wird schon eben, kurz vor dem Passo d'Ampola (747 m) und gegenüber einem gepflegten Picknickplatz, stehen auf der linken Seite zwei gut restaurierte Exemplare. Schautafeln erklären die Anhäufung:

Die Polenta-Quelle

Polenta, ein schnittfester Maisbrei, in Oberitalien wichtige Beilage zu Gulasch, Fisch und Steinpilzen, wird aus »Farina di Granoturco« (Mehl vom Türkenkorn) gemacht. Eine Adresse für den Einkauf: Caseificio Sociale Valchiese, Storo, Via Mercato 4. Das Rezept für zu Hause (4 Pers.): 1 l Wasser, 1 Tl Salz für 250 gr Maisgries. Den Mais langsam unter ständigem Rühren in das kochende Salzwasser geben, um Klumpen zu vermeiden. 30-40 Min. köcheln lassen; dampfend auf einem Holzbrett servieren.

Zehn Touren, die allen Spaß machen

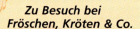

Zu Besuch bei Fröschen, Kröten & Co.

Ganz modern mit Computerprogrammen (auch auf Deutsch) und Multi-Media-Show wird hier interessierten »Jungbiologen« das komplizierte Zusammenleben von Flora und Fauna anschaulich vermittelt. Auf dem Lehrpfad begegnen den Besuchern Teichrose, Sumpfwurz und allerlei Getier. Biotop Lago d'Ampola, zwischen Ampola-Pass und Pieve di Ledro. Eintritt: Erwachsene Lit. 3000, Kinder bis 18 Jahre frei. Sa/So 9-13 und 15-19 Uhr. Führungsdauer 1 Stunde.

In der früher von der Außenwelt abgeschlossenen Bergwelt mussten die Bauern ihr Baumaterial aus der Umgebung beschaffen. Holz und Steine gab es genug, doch Mörtel für das Mauerwerk musste erst hergestellt werden. Dazu schichtete man Kalkstein in die Calchere, die Kalköfen. Unter hoher Temperatur gebrannt und dann gelöscht, hatte man ein bindefähiges Pulver für das Kalken von Wänden, das mit Sand vermischt zu Mörtel wurde. Jenseits des Passes liegt der Lago d'Ampola, ein sehenswertes, geschütztes Biotop (siehe Kasten). Auf der Weiterfahrt zum Ledro-See fallen die zahlreichen Sägewerke auf, Holzwirtschaft war schon immer sehr wichtig im Trentino. Die Säger des Ledro-Gebiets haben sich heute auf die Herstellung von Paletten, Untersätze für schweres Material, spezialisiert, wie man von der Straße aus leicht erkennen kann.

DAS PFAHLDORF AM LEDRO-SEE

Der kleine, idyllische **Ledro-See**, tiefblau das Wasser, von Wäldern umgeben, hat viele Liebhaber gefunden. Mountainbiker und Wanderer schätzen ihn als Ausgangspunkt. Als Ausflugsziel hat die Sommerfrische eine einmalige Attraktion zu bieten: das Pfahldorf-Museum in Molina di Ledro.

Als 1929 der See für das Kraftwerk von Riva angezapft wurde, sank der Wasserspiegel und es kamen Reste einer fast 4000 Jahre alten Pfahlbautensiedlung zum Vorschein. Auf mehr als 10 000 Pfählen stand das Dorf, das beispielhaft sein dürfte für die Besiedlung des gesamten Gebiets um den Gardasee. Am Ledro-See haben sich die Zeugnisse aus der Bronzezeit wegen der niedrigeren Wassertemperatur so gut erhalten können. Die Archäologen hatten zunächst nur wenig Zeit, die kostbaren Gegenstände zu bergen, weil der Wasserspiegel des Sees bald wieder stieg. Erst 1936/37, als der See wegen starker Trockenheit flacher wurde, gingen die Ausgrabungen in großem Umfang weiter. Wie die Menschen lebten, welche Werkzeuge und Gebrauchsgegenstände sie aus Holz, Stein, Bronze und Ton fertigten, wird im **Museo delle Palafitte** in Vitrinen gezeigt. Die Pfahldorf-Menschen standen vor 4000 Jahren auf einer handwerklich hohen Kulturstufe. Sie beherrschten die Herstellung von Bronze, gossen daraus Beile, Dolche und Schmuckgegenstände. Aus Holz schnitzten sie Boote, Näpfe, Pfannen,

Tour zum Tenno-See

Wer noch Zeit und Lust hat, kann auch den Tenno-See in das Ausflugsprogramm einbauen. Vom Ledro-See bis Riva sind es elf Kilometer. Dann fährt man Richtung Tenno (6 km) und von dort zum Lago di Tenno (4 km). Vor dem Hotel »Lago di Tenno« wurde ein Parkplatz eingerichtet. Hinter ihm ist nach wenigen Minuten der See erreicht, ein smaragdgrünes Kleinod in 570 Meter Höhe, von Wald umgeben. Auch wenn es auf dem Lageplan am Parkplatz nicht angegeben ist, man kann den See in weniger als einer Stunde umrunden. Am Wochenende kann es allerdings auch hier sehr voll werden. Wenn möglich, also lieber unter der Woche kommen.

Zehn Touren, die allen Spaß machen

Hackbretter, Keulen und sogar Pflüge. Aus Feuerstein (Flint) schlugen sie Pfeilspitzen ab, Schaber und Dolche, aus Granit waren die Steine zum Getreidemahlen, auch Hämmer und Keulen. An Haustieren gab es Ochsen, Ziegen, Schafe und Schweine. Wassertiere gehörten zur täglichen Ernährung. In den Wäldern sammelten die Ureinwohner Früchte und Beeren. Aus der wilden Kirsche (Kornelkirsche) bereiteten sie vermutlich sogar ein alkoholisches Getränk. Am See steht noch eine nachgebaute Pfahlhütte, die anderen wurden von einem Erdrutsch fortgerissen. Auf jeden Fall bekommen die Besucher ein rundes Bild vom Leben der vor 4000 Jahren im Seengebiet siedelnden Menschen. Die Hütten auf sechs Meter langen Pfählen ins Wasser zu stellen, geschah, um vor Angriffen wilder Tiere und feindlich gesonnener Stämme sicher zu sein. Außerdem konnten die Pfahlbauer von den Stegen aus recht bequem Fische fangen. Denn Fische aus dem See schmeckten den Siedlern der Bronzezeit genauso gut wie den heute an den Seen lebenden Menschen und ihren Besuchern.

San Floriano Martire in Storo. Geöffnet: 9-13 und 16-19 Uhr.
Museo delle Palafitte in Molina di Ledro, Via Lungolago. Eintritt: Erw. Lit. 3000, Kinder unter 12 Jahren frei, von 12-18 Jahren Lit. 2000, 2 Erw. mit Kindern Lit. 6000. Geöffnet: Juli/Aug 9-12 und 15-19, März-Juni und Sept-Nov 9-12 und 14-19 Uhr, Mo geschl. Dez Sa und So 9-12 und 14-17 Uhr.

Schon vor 4000 Jahren lebten Menschen in Pfahlhaus-Dörfern am Ledro-See

Die tollsten Attraktionen für Kinder

Urwald, Saltos, Pharaonen – Erlebnispark Gardaland

Es gibt nichts an Belustigungen und abenteuerlichen Fahrgeschäften, was es im Park von Gardaland nicht gäbe. Ein Höhepunkt folgt dem anderen, ein Tag reicht nicht aus, das ganze Angebot zu konsumieren. Prezzemolo (Petersilie), der sympathische kleine Drache, führt die Kinder in eine Welt voller Abenteuer, so wie Mickymaus im Disneyland. Wissen muss man allerdings, dass die Besucher Geduld brauchen, Wartezeiten bis zu zwei Stunden vor einer Attraktion sind vor allem am Wochenende möglich. Beispielsweise am Eingang zu den neuen »Jungle Rapids«, einer Fahrt mit dem Schlauchboot durch Flüsse und Stromschnellen, vorbei an antiken Tempeln und durch den Urwald mit (künstlichen) Tigern und Elefanten. Auch bei »Tunga« geht's durch den Urwald, diesmal mit dem Kanu. Im originalgroßen

Rasantes Vergnügen: mit speziellen Schlauchbooten durch die Jungle Rapids

Die tollsten Attraktionen für Kinder

Zu Besuch bei den Pharaonen

Sirmione – Pizza in der Seitengasse

All die Attraktionen in Gardaland machen hungrig! Liegt Sirmione auf dem Nachhauseweg, ist diese Pizzeria ein guter Tipp. Sie ist allerdings nicht ganz einfach zu finden. Von der Via Dante geht man in eines der Gässchen, schon findet man den Vicolo Strentelle. Die Pizzeria La Bicocca ist einfach eingerichtet, aber die Pizza schmeckt köstlich. Recht günstig ist das »belegte Brot«, die Margherita schon ab Lit. 8000.
Pizzeria La Bicocca, Sirmione, Vicolo Strentelle 7, Tel. 030-91 64 94.

Piratenschiff bekommen die Kids die Illusion eines Abenteuers auf See, im Tempel von Abu Simbel erleben sie computergesteuert die Epoche der Pharaonengräber und Mumien. Shows mit springenden Delfinen, witzigen Waldkobolden, grazilen Balletttänzerinnen und martialischen Rittern bringen Abwechslung in den trubelhaften Tag. Der Wilde Westen hat seinen Platz in Gardaland ebenso wie die duftenden Märkte des Orients.

ES KITZELT IN DER MAGENGRUBE

Wer den Nervenkitzel rasanter Fahrten und den Magen strapazierender Loopings verkraftet, wird optimal bedient. Beispielsweise mit »Blue Tornado«, bei dem die Sessel mit kreischenden Menschen nicht nur steil hoch und rasant abwärts geschleudert werden, sondern zusätzlich sich um die eigene Achse

Die tollsten Attraktionen für Kinder

Vorsicht, Langfinger!

Auch am Gardasee, und wirkt der Urlaubsort noch so gemütlich, muss vor Diebstahl gewarnt werden. Vor allem in der Urlaubssaison treffen sich Diebe aus aller Herren Länder dort, wo Urlauber in Massen auftreten. Im Gedränge also auf Handtasche und Brieftasche achten. In keinem Fall sollte man wertvolle Gegenstände im Auto lassen, auch ein verdeckter Kofferraum bietet keine Sicherheit.

drehen und noch einen Salto obendrauf setzen. Gänsehaut auch beim »Space Vertigo«, bei dem mutige Besucher 40 Meter an einem Turm hochgezogen werden, um dann in schwindelerregendem Tempo nach unten zu sausen – ein Fall für einen maximalen Adrenalinspiegel.

Wer Gardaland mit mehr Ruhe erleben möchte, wählt den Trans-Gardaland-Express oder besichtigt den Trubel mit der Hängebahn von oben. Angenehm ist die Einrichtung eines Picknickplatzes, auf dem man Mitgebrachtes verzehren kann.

Aber auch die vielen Restaurants, Eisbuden und Bars servieren Pizza, belegte Brötchen, Pommes und Getränke zu moderaten Preisen.

FREI FÜR KNIRPSE BIS EIN METER

Für die kleineren Kinder ist das bunte Pferdekarussell vielleicht die größte Attraktion. Sie haben ohnehin einige Einschränkungen hinzunehmen. Positiv: Wer bis zu einem Meter groß ist, hat freien Eintritt. Andererseits: Beispielsweise bei den »Jungle Rapids« haben Besucher mit weniger als einem Meter Größe keinen Zutritt. Und vielen fehlt die Sicht auf die Vergnügungen, vor allem in der Hochsaison, wenn sich täglich bis zu 40 000 Menschen durch die Wege quetschen. Hinzu kommt: Bei den Shows wird nur Italienisch gesprochen.

Doch wieder positiv: Für die Kleinsten stehen 80 Buggys gegen Hinterlassung eines Dokuments zur Verfügung, auch Wickeltische, Windelautomaten und Flaschenwärmer sind vorhanden.

Familien mit Hunden können ihren Liebling mitbringen, allerdings muss er an der Leine bleiben, große Hunde brauchen einen Maulkorb und zu den Attraktionen haben sie keinen Zutritt.

ⓘ Gardaland, Castelnuovo, zwischen Peschiera und Lazise. Kostenloser Busdienst ab Peschiera, Tel. 045-644 97 77. Eintritt: Erwachsene Lit. 36 000, Abendeintrittskarte in der Hauptsaison nach 20 Uhr Lit. 26 000, Delfin-Show »Palablu« zusätzlich Lit. 5000. Kinder bis 1 Meter Körpergröße sind frei, von 1 m bis 10 Jahre. Lit. 5000 Ermäßigung. Geöffnet: Ende März bis Anfang Okt, tägl. 9.30-18.30 Uhr, Ende Juni bis erste Dekade Sept 9-24 Uhr.

Peschiera: 100 Jahre süße Spezialitäten

Die Via Dante ist Peschieras Fressmeile mit zahlreichen Restaurants und Eisdielen. Mittendrin bietet die Konditorei Panificio Brizzolari Spezialitäten aus Peschiera an. Seit 100 Jahren entstehen hier tausenderlei süße Köstlichkeiten, z.B. Toscanucci mit Anis und Nüssen, Pan del Garda, ein Früchtebrot, und Sbrisolona, der bekannte Streußelkuchen mit Schokoladestückchen und Rosinen. Panificio Brizzolari, Peschiera, Via Dante 10.

Die tollsten Attraktionen für Kinder

Fantasievoller Landschaftspark – Parco Giardino Sigurtà

Tieren ähnlich, die sich im Kampf aufbäumen, ein großer Saurier, der einen kleinen dicken streichelt, oder gibt er ihm eine Ohrfeige? Gigantische Köpfe, die den Park zu bewachen scheinen, ein kleiner, dichter Wald, gelungenes Versteck hinter Gestalten, die wie sich anknurrende Riesenpudel aussehen.

Die Fantasie treibt Blüten im Buchsbaumgelände gleich neben Parkplatz Nr. 7, erstes Ziel der Familien. In anderen italienischen Gärten mit exakt nachgebildeten Tiergestalten wurden

Wetten, dass...?

Die Wette gilt: Wie viele Buchsbäume stehen im Parco Giardino? Um dem Fragespiel gleich die entsprechende Dimension zu geben: Wer der tatsächlichen Zahl um plus/minus 500 Pflanzen nahe kommt, hat gewonnen. Gewettet wird um ein Eis, die Ehre, um ein Küsschen, je nachdem. Kleine Hilfe: Weniger als 10 000 sind es nicht... Also, los geht's.

(Antwort: einunddreißigtausend-zweihundertdreizehn)

Zu jeder Jahreszeit eine Augenweide: der Parco Giardino Sigurtà

Die tollsten Attraktionen für Kinder

Das grüne Gold – Kiwis

Bei der Fahrt durch die Moränenhügel rund um den Mincio-Fluss fallen große Gärten auf, in denen Spalierobst gezogen wird. Man sieht, es kann kein Stein- oder Kernobst sein. Bei näherem Hinsehen entdeckt man eine grünliche, behaarte Frucht.
Ende der 80er-Jahre machten die Bauern in Venetien die ersten Versuche, um mit der aus Neuseeland kommenden Frucht ihr Einkommen etwas aufzubessern. Mit der Produktion von Kiwi, wie die Frucht nach dem Wappentier Neuseelands heißt, einem hühnergroßen, flugunfähigen Vogel, steht Italien inzwischen weltweit an zweiter Stelle. Die recht unscheinbare Frucht hat es in sich: Das saftige, grüne Fruchtfleisch schmeckt köstlich und zeichnet sich zudem durch einen hohen Gehalt an Vitamin C aus.

Dafür nutzte er ein hundertjähriges Recht der Familie, vom Fluss Mincio Wasser zu verwenden.
Zypressen, Buchen, Pappeln, Lärchen, Salweiden und Rotahorn bilden schattige Alleen, auf Teichen schwimmen Seerosen und andere Wasserpflanzen, Wege sind nach Blumen benannt, die am Rande stehen, der Irisweg beispielsweise, der Rosenweg oder der Viale delle Felci, der Farnweg.
Aus dem Eremo, der kleinen Kirche, ertönt klassische Musik, im benachbarten Wäldchen stehen Hunderte von Tulpen, bewusst ungeordnet. Man kann sich spielend drei Stunden lang in diesem Park aufhalten und wird immer wieder Neues entdecken.

ⓘ Parco Giardino Sigurtà, Valéggio sul Mincio, 8 km südlich von Peschiera. Der Weg ist gut ausgeschildert, Tel. 045-637 10 33.
Geöffnet: März-Nov tägl. 9-19 Uhr. Eintritt: Lit. 30 000 pro PKW mit bis zu max. 5 Personen. Picknick ist im Park nicht gestattet.

die Bäume über Drahtgeflechten gestutzt. Im Parco Giardino Sigurtá sind die surrealen Buchsbaumgebilde natürlich gewachsen, nur mit der Heckenschere gestreichelt, also nur die dürren Triebe entfernt. Einmalig ist diese Märchenwelt.
Nicht nur die Schönheit der Pflanzen im Park begeistert, auch das Erlebnis, auf einer Strecke von sieben Kilometern mit dem Auto durch den Park zu fahren, an zwölf Parkplätzen auszusteigen und über den saftig grünen Rasen zu spazieren, ist einzigartig.
Die üblichen Hinweise »Rasen betreten verboten« kennt der Gründer Graf Carlo Sigurtà nicht.
40 Jahre lang pflegte der Graf die 50 Hektar große Anlage, bis sie für das Publikum geöffnet werden konnte.

Warum der See nicht überläuft

Der Gardasee hat nur einen Abfluss: den Mincio bei Peschiera. In Regenzeiten könnte sich das Wasser also stauen. In Trockenzeiten stünde für Landwirtschaft und Industrie nicht genügend Wasser zur Verfügung, auch Umweltschäden am See selbst wären zu befürchten. Um all dies zu vermeiden, wurde in den 50er-Jahren ein Regulierungsdamm gebaut, ein ideales Niveau festgelegt. Automatisch und per Hand wird reguliert, wenn die Nullmarke über- oder unterschritten wird.

Die tollsten Attraktionen für Kinder

Es spritzt und donnert – Parco Grotta Cascate Varone

Es lärmt, es donnert, es zischt und man wird nass. Das hat schon Thomas Mann fasziniert, der 1901 in seinem Roman »Der Zauberberg« den Varone-Wasserfall literarisch verewigte. Im Laufe von 20 000 Jahren hat der vom Tenno-See gespeiste Magnone-Fluss eine 73 Meter tiefe und 33 Meter lange, senkrechte Klamm in den Fels geschnitten, die das tosende Wasser als Fluss Varone wieder entlässt, der wiederum in den Gardasee fließt. Das Naturschauspiel beginnt für die Besucher in der Grotta Inferiore, der unteren Grotte.

Es ist besser, vor dem Stollen eine Windjacke oder einen Pullover anzuziehen, denn der Felsspalt ist mit Wasserstaub gefüllt. Mächtig zieht sich der klaffende Spalt nach oben, den das mit Sand und Kies angereicherte Wasser in das Kalkgestein gegraben hat. 40 Meter höher erreicht man die Grotta Superiore. Zunächst führt der Weg durch einen schön angelegten Park mit Palmen, Oliven, Zypressen und Zitronen. Dann geht man durch einen 15 Meter langen Tunnel zum brüllenden, stäubenden Wasserfall. Vorher verweist eine Tafel auf den Pferdekopf.

Wer ihn durch den Wasserstaub hindurch entdecken will, muss wissen, dass die Naturskulptur 30 Meter hoch ist, die Nüstern liegen in Augenhöhe der Betrachter, ganz oben ist ein Ohr des steinernen Pferdes zu sehen.

Parco Grotta Cascate Varone, Cascate di Varone, Varone, 3 km nördlich von Riva (gut ausgeschildert), Tel. 0464-52 14 21. Eintritt: Erw. und Kinder ab 7 Jahre Lit. 7000. Geöffnet: Mai-Aug 9-19 Uhr, April/Sept 9-18 Uhr, März/Okt 10-12.30 und 14-17 Uhr. Im Park ist picknicken nicht erlaubt, ein spezieller Picknickplatz mit Sonnenschirmen wurde vor der Kasse eingerichtet, Bar mit Sandwiches vorhanden.

Wasserspaß total – Canevaworld

Die ganz Mutigen, die Draufgänger sausen mit angehaltenem Atem die fast senkrechte Kamikaze-Rutsche abwärts in den Wassergraben. Wer eher das Gemächliche mag, legt sich in einen Gummireifen und lässt sich durch einen Bach treiben. Die ganz Kleinen, die das Sausegefühl erst lernen müssen, nehmen Papa oder Mama mit auf die Rutschspirale. Ein Wasservergnügen ohne Grenzen, auch altersmäßig, denn vom flachen Babypool mit Minirutsche bis zum mit Sandufer und Palmen gestalteten Pool ist in der Canevaworld alles vorhanden. Rund um den größten Pool wird viel Animation geboten, z.B. Tequila-Tanz-Party, Fitness-Tanz und Rettungsübungen, im Sommer jeden Tag.

Auch die Kinder werden mehrmals am Tag zum Mitmachen aufgefordert, beispielsweise zum lustigen Kapitän-Hook-Spiel. Große Liegeflächen sind vorhanden, teils auch mit Schatten. Die Preise in den Freiluft-Restaurants vom Pizzaladen über die Salat-Bar und die

Die tollsten Attraktionen für Kinder

Urin als Sprengstoff

Das Arsenal in Lazise – unweit der Wasserwelt Canevaworld – wurde im 16. Jahrhundert zur Sprengstofffabrik umgerüstet, wozu merkwürdige Umstände notwendig waren: Alle sechs Monate trieben die Schäfer der Umgebung etwa 200 Schafe ins Arsenal. Dort blieben sie so lange, bis sich genügend Urin angesammelt hatte. Mit einer speziellen Erde vermischt ergab dies einen Sprengstoff, der gewinnbringend verkauft wurde. Das anrüchige Geschäft wurde 1606 durch eine Zollstelle abgelöst.

Spaghetti-Küche bis zum Jogurt-Shop sind günstig.

Von Ende April bis Anfang Oktober ist abends ab 19 Uhr das Rock Star-Café geöffnet (Eintritt frei), ab 19.30 Uhr gibt es »Medieval Times«, ein deftiger Schmaus mit Ritterturnieren. Außerdem findet im Juli und August ab 19 Uhr ein Night Festival mit Disco, Turnieren, Clowns und Gokarts statt, Eintritt ebenfalls frei.

ℹ Canevaworld, zwischen Peschiera und Lazise. Kostenloser Busdienst auf der Strecke Peschiera-Garda von 9.30-24 Uhr, alle 20 Min., Tel. 045-759 06 33. Eintritt: Erw. Lit. 30 000, Kinder Lit. 25 000, bis 1 m frei. Medieval Times: Erwachsene Lit. 35 000, Kinder zwischen 1 und 1.40 m Lit. 25 000, bis 1 m frei. Geöffnet: Mitte Mai-Ende Sept 10-19 Uhr.

Klettermaxe in Aktion im Wasserland Canevaworld

Die tollsten Attraktionen für Kinder

Künstlich, aber schön: Badelandschaft im Parco Acquatico Cavour

Südsee-Feeling am Gardasee – Parco Acquatico Cavour

Sonne, Sand, Wasser und sogar eine Palmeninsel – da kommt Südsee-Feeling auf – und das Ganze beim Gardasee. Die Pool-Anlage im Parco Acquatico Cavour ist wirklich wunderschön, auch wenn der Sandstrand künstlich ist. Die Kids erstürmen als allererstes natürlich die dreibahnige Rutsche und sausen mit größtmöglicher Geschwindigkeit hinunter. So findet hier jedes Familienmitglied das passende Wassererlebnis. 150 000 qm groß ist der Park bei Borghetto. Die gepflegte große Wiese bietet wenig Schatten, doch werden Sonnenschirme verliehen. Außerdem kann man im Cavour-Wasserpark Tennis, Volleyball und Fußball spielen. Kinderspielplatz und Restaurant sind ebenfalls vorhanden. Ein vergnüglicher, abwechslungsreicher Badetag ist also garantiert!

Parco Acquatico Cavour, Valéggio sul Mincio/Borghetto, 3 km westlich Borghetto, Tel. 045-795 09 04. Eintritt: Erw. Lit. 17 000, So Lit. 19 000, Kinder 3-10 Jahre Lit. 14 000, ab 16 Uhr Erw./Kinder Lit. 11 000. Geöffnet: Ende Mai-Anfang Sept tägl. 10-19 Uhr

Die tollsten Attraktionen für Kinder

Das schönste Goldkreuz – Museo della Città in Brescia

Endlich ein Museum, in dem Kinder sich nicht langweilen, wo sie auch Auslauf haben, keine Enge bedrückt. Zwei Suchspiele durch den weitläufigen Komplex schaffen Spaß im Museum: Wer es martialisch mag, sucht die mächtigen Bronzefiguren, den Friedensengel und die Köpfe römischer Kaiser. Sanfter gestaltet sich die Suche nach dem Jesuskind, das ein paar Dutzend Mal auf wunderschönen Gemälden entdeckt werden kann. Der Komplex des großen Klosters San Salvatore mit drei Kirchen ist in das didaktisch hervorragend aufgebaute Museumsareal einbezogen, von der prähistorischen bis zur venezianischen Zeit werden die Ausstellungsstücke ohne Langeweile präsentiert. Wegen der dicken Mauern ist ein Spaziergang durch die Ausstellung gerade an heißen Tagen zu empfehlen. Die Höhepunkte sind in der Kirche Santa Maria in Solario zu finden: Im Unterbau begeistert die Lipsanothek (Reliquienkästchen) aus Elfenbein (370 n. Chr.) mit wundervoll geschnitzten Darstellungen aus dem Alten und Neuen Testament. Über eine Steintreppe erreicht man die darüber liegende, mit Fresken geschmückte Hauskapelle (Oratorium), hier steht das Prunkstück des Museums, das Desideriuskreuz. Über 200 Edelsteine, Kameen und Glasmedaillons sind in das Goldkreuz eingelassen, etwa ein hellenistisches Medaillon aus dem 4. Jahrhundert, das eine Frau mit zwei Jugendlichen zeigt.

ⓘ Santa Giulia, Museo della Città, Brescia, Via Musei 81b. Eintritt: Erw. Lit. 10 000, Kinder bis 16 Jahre frei. Geöffnet: Juni-Sept 10-20 (Mi bis 20 Uhr), Okt-Mai 9.30-17.30 Uhr, Mo geschl.

Safaripark und Zoologischer Garten – Parco Natura Viva

1969 zum Schutz gefährdeter Tierarten gegründet (European Endangered Project), beherbergt der Park 700 Tiere von 180 verschiedenen Arten. Er ist zweigeteilt, in den Safaripark und den zoologischen Garten.

BEI LÖWEN UND BREITMAUL-NASHÖRNERN – SAFARIPARK

Etwa eineinhalb Stunden fährt man mit dem eigenen Auto durch den Safaripark (240 000 qkm), bergauf und bergab, vorbei an Seen, Tümpeln und durch Wälder. Für die siebeneinhalb Kilometer braucht man so lange, weil ständig Stopps eingelegt werden, um die wilden Tiere der Savanne, die hier ohne Käfige leben, zu beobachten. Es wird geraten, die Fenster zuzulassen, was Hobbyfotografen natürlich nicht immer beachten können. Was im Park geboten wird, begeistert Jung und Alt. Giraffen schreiten neugierig und stolz auf die Autos zu, untersetzte Watussi-Rinder grasen still vor sich hin, zwei Breitmaulnashörner, deren Absichten in den kleinen Augen nicht zu erkennen sind, blinzeln zwei Meter vom Auto entfernt, im Teich liegen ein paar Nilpferde, lassen nur ihre fetten Rücken sehen und zwischendurch die

Die tollsten Attraktionen für Kinder

Das Nashorn mit dem breiten Maul

Wie graue Klötze stehen sie plötzlich vor dem Auto, die zwei Breitmaulnashörner des Tierparks. Winzig klein sind die Augen, tatsächlich sehen die Tiere schlecht. Aber Vorsicht! Ihr Geruchssinn ist gut ausgebildet. Nashörner gibt es seit rund 35 Mio. Jahren, heute existieren nur noch fünf Arten in Afrika und Asien. Die beiden Exemplare im Tierpark gehören zur Gruppe der Breitmaulnashörner, der Name kommt von den fast quadratisch geformten Lippen unter den beiden Hörnern. Spitzmaulnashörner haben eine fingerförmig zugespitzte Oberlippe. Ein paar Maße: Kopf-Rumpf-Länge 3,6-4 m, Schulterhöhe 1,75-1,90 m, Bestand: 3000 Tiere.

prustenden Nasenlöcher. Nilgau-Antilopen, Zebras und Strauße stehen im Weg – sie haben Vorfahrt. Eine Schimpansen-Familie treibt ihren Spaß am Boden und auf Baumästen, sie hat bereits Nachwuchs bekommen. Durch spezielle Schutzgitter abgeschirmt, fährt das Auto dann in den Bereich der wilden Katzen: Auf einem künstlichen Ausguck döst eine Löwin, der Herr mit der großen Mähne hat sich mit anderen Weibchen in den Schatten der Büsche zurückgezogen, Tiger trotten langsam durch das Gelände, nagen gelangweilt an einem mit Knochen durchsetzten Stück Fleisch. Insgesamt ein Erlebnis, von dem die Familie noch lange sprechen wird.

HIER TRIPPELN FLAMINGOS UND STÖRCHE – PARCO FAUNISTICO

Vom Safaripark getrennt, besucht man den Parco Faunistico, einen zoologischen Garten auf 160 000 qm Fläche. Zweieinhalb Stunden müssen veranschlagt werden, wenn alles besichtigt werden soll. In Gehegen leben hier Kamele und Pandas, stark riechende Wisents und tiefschwarze Andenbären. An einem Teich balzt ein Flamingohahn um die Gunst der auf einem Bein stehenden rosaroten Vogeldamen, zwischen ihnen stolzierende Störche und nervös trippelnde Emus. Erdmännchen stehen auf den Hinterläufen und schnuppern aufgeregt, träge schwimmen Seehunde im Pool, Kängurus hüpfen mit leerem Beutel im Schatten alter Eichen davon.

25 Lemuren, nachtaktive Halbaffen aus Madagaskar, leben inzwischen ebenfalls im Park. Denn durch Rodung und Ausdehnung der Dörfer ist diese Gattung auf ihrer Heimatinsel gefährdet. Im Park ist es gelungen, die Art zu vermehren, bei einer der am meisten gefährdeten Spezies haben die Mitarbeiter eine Woche lang einem Zwillingspaar das Milchfläschchen gereicht.

Frei laufende Nashörner: Begegnung im Safaripark

Die tollsten Attraktionen für Kinder

Keine Angst, die Urviecher sind nicht echt

Im tropischen Vogel- und Gewächshaus sind seltene Vögel und Pflanzen anderer Erdteile zu sehen, im Aquaterrarium leben Fische, Amphibien und Reptilien friedlich nebeneinander.
Im letzten Teil des Gartens wurde ein Dinosaurierpark eingerichtet. In Lebensgröße nachgebildet stehen die Urviecher auf den Waldwiesen, Riesen, die vor 65 Millionen Jahren gelebt haben, etwa der gefährliche, mit einem scharfen Gebiss ausgestattete Tyrannosaurus, der 27 000 Kilogramm wog.

Parco Natura Viva, Bussolengo, Ortsteil Figara, zwischen Bussolengo und Pastrengo, einigermaßen gut ausgeschildert, Tel. 045-717 00 52. Eintritt: Erwachsene und Kinder 3-12 Jahre Lit. 25 000/18 000 (beide Parks), Lit. 14 000/12 000 (nur Safaripark), Lit. 14000/10 000 (nur Parco Faunistico). Vor dem Parco Faunistico befinden sich mehrere Restaurants, eine Pizzeria und Bierstube, die auch ohne einen Parkbesuch genutzt werden können.

Die tollsten Attraktionen für Kinder

Botanischer Zaubergarten – Giardino Botanico Hruska

Lautes Lachen schallt durch das Bambuswäldchen, wenn es ein paar Lausbuben gelungen ist, die Erwachsenen auf das Holzbrückchen zu locken. Dort stehen in Kopfhöhe zwei Metallfratzen einander gegenüber im Gebüsch, bespucken sich gegenseitig mit einem Wasserstrahl. Wer den Kopf nicht einzieht, steht genau in der Spuckbahn. Etwas weiter reizen kleine, bewachsene Felsen mit schmalen Wegen, im Grün versteckte Treppchen hinter tiefhängenden Zweigen zum lustigen Versteckspiel. Schmale Bäche rauschen abwärts, in einem Teich schwimmen große Goldfische zwischen den Blättern und Blüten der Seerosen, ein japanisch anmutendes Tor führt zum Zauberwald aus Bambus, dunkel und geheimnisvoll, am anderen Ende die Wasser speienden Fratzen. Der deutsche Arzt, Zahnarzt und Botaniker Prof. Arthur Hruska (1880-1971), hat den botanischen Garten geschaffen, der österreichische Künstler André Heller gründete eine Stiftung, die den Fortbestand garantiert. Die Vielfalt der Pflanzen beweist die mediterrane Lage Gardones und seiner Umgebung. Von den Bergen im Westen der Stadt vor dem kühlen Tramontana-Wind geschützt, aus der Po-Ebene mit warmen Lüften versorgt, wachsen hier Efeu und Kakteen, Palmen und Akanthus, Lavendel und Oliven, Papyrus und Kakteen, Schmetterlinge flattern um Fliederbüsche und setzen sich neckisch auf einen als Segelboot geschnittenen Buchsbaum. Ein perfektes Familienerlebnis für Menschen mit Sinn für die Pflanzenwelt.

> **Mythologischer Gruß vom Villendach**
>
> Bei der Fahrt durch Bogliaco, nicht weit vom Giardino Botanico Hruska, wird man unweigerlich auf Steinfiguren aufmerksam, die vom Dachsims der Villa Bettoni herabwinken. Ein Stopp lohnt sich schon wegen des Blicks auf den im toskanischen Stil angelegten Park mit Orangerie. Gelegentlich öffnet die Familie Bettoni den Besitz, um ihre einmalige Zucht an Zitrusfrüchten zu zeigen. Im Laufe der Zeit soll sogar ein Zitrus-Museum eingerichtet werden.

Spuckender Kobold im botanischen Zaubergarten bei Gardone

ℹ️ **Giardino Botanico Hruska**, Gardone Riviera, Via Roma s/n, Tel. 03 36-41 08 77. Eintritt: Erw. Lit. 9000, Kinder 5-11 Jahre Lit. 5000. Geöffnet: 15. März-15. Okt tägl. 9-19 Uhr.

Die tollsten Attraktionen für Kinder

Wanderung zu den Marmite dei Giganti

Von der Straße aus sind sie schon zu sehen, die großen Grotten in der Felswand, die Marmite dei Giganti (siehe S. 42). Nun aber, auf dem Weg dahin, wächst die Spannung: Diese Höhlen sollen von zahlreichen durch die Gletscher geschobenen, rotierenden Steinen ausgeschmirgelt worden sein. Die mächtige Felswand, unter der sich ein Wanderpfad langsam nach oben schiebt, kündigt bereits das gewaltige Erlebnis an. Tiefe Rillen im Kalkgestein, schmale und breite Bahnen, schräg abwärts laufend, zeigen die Gewalt harter Eiskanten der Gletscher, die zusammen mit eingepacktem Gestein sich in den Berg geschliffen und gesägt haben.

Der Weg führt zunächst durch Weingärten und Olivenhaine, dann mündet er in einen mit alten Steinen bedeckten Maultierpfad, dem ausgewaschene Steinstufen folgen. Sie erschweren den stellenweise steilen Aufstieg, erfordern gutes Schuhwerk. Links steigt die Felswand himmelwärts und wölbt sich über die Köpfe der Wanderer. Rechts am Weg liegen mächtige Findlinge. Sie wurden auf dem Rücken der Gletscher bis hierher getragen in einer Zeit, als das gesamte Gardagebiet von Eis bedeckt war. Die Steine halfen mit, den Kalkfels zu formen, ihn abzuschleifen. Manche Brocken blieben in Vertiefungen hängen, wurden vom weiterschiebenden Gletscher gedrückt und gedreht, jeden Tag, unaufhörlich. Zusammen mit den Wirbeln von Sand und Wasser mahlten sie sich tief in den Fels, bildeten teils haushohe Grotten, die sogenannten Marmite dei Giganti, die Schüsseln der Giganten. Oben auf dem Kamm des Bergzugs sind zwei dieser Gletschermühlen zu entdecken. Die eine ist neben zwei hohen Zypressen über eine Eisenleiter zu erreichen. Tief hat sich der Mahlstein nach unten gebohrt. Bei der anderen Nische, vielleicht 25 Meter breit und 20 Meter hoch, hat sich am Fuß ein Tümpel gebildet. Am hinteren Ende geht ein Tunnel in den Berg, ein österreichisches Kanonenfort von 1860, das in den Fels getrieben wurde. Er endet an zwei Schießscharten, von denen aus man die steile und kurvenreiche Straße von Nago nach Torbole einsehen und beschießen konnte.

Oberhalb der Zeugen einer interessanten Entstehungsgeschichte führt die Straße Arco-Nago-Torbole vorbei. Ein Parkplatz ist vorhanden, ein Kiosk, vor ihm eine dritte Gletschermühle. Man kann auch von hier aus die Marmite bequem erreichen. Doch dann fehlt das Erlebnis der langsamen Eroberung eines Naturwunders. Die Mahlsteine sollen angeblich noch vorhanden sei, doch Gestrüpp und Wasser verbergen das letzte Geheimnis der Marmite.

Der Weg: In Torbole geht man vom Hotel Vela etwa zehn Minuten auf der asphaltierten Via Strada Granda nordwärts. Dann ist ein Holzschild zu sehen, das nach rechts, also nach Osten zu den Marmite dei Giganti weist. Ein Feldweg zieht sich an Feldern mit Reben und Ölbäumen entlang, biegt bald ab nach links, also wieder nach Norden. Jetzt ist der Pfad nicht mehr zu verlieren, die steile Felswand weist die Richtung. Vom Verlassen der Asphaltstraße bis oben sind es etwa 15 Minuten. Nach Erreichen des Bergrückens muss man ein paar Schritte nach links abwärts gehen, dann steht man vor dem Wunder der Natur.

ⓘ Marmite dei Giganti, Straße Torbole – Riva, abzweigen auf die SS 240 in Richtung Nago bzw. Rovereto, linker Hand Bergterrasse (Parkplatz), ausgeschildert Marmite dei Giganti, die Grotten sind frei zugänglich.

Die beeindruckenden Gletschermühlen, die Marmite dei Giganti

Die tollsten Attraktionen für Kinder

Villa und Park eines berühmten Selbstdarstellers – Il Vittoriale degli Italiani

Wer das Gruseln lernen will, wagt einen Ausflug zu Park und Villa des Gabriele D'Annunzio. Ein Kriegsschiff ließ D'Annunzio in den Park stellen, in seiner Villa ein Leprazimmer einrichten, wo er einen Sarg als Bett hatte. Er sammelte alles, was ihm in die Finger geriet, lebte in dunklen, total überfüllten Räumen. Der Schriftsteller Gabriele D'Annunzio (1863-1938) war ein Freigeist und Rebell, ein Großmaul und Selbstdarsteller, ein Casanova und Kriegsverherrlicher. Für die Italiener ist er aber auch ein Held, vor allem die Faschisten verehrten ihn glühend. Spektakulär waren seine Veröffentlichungen, seine Verherrlichung des Übermenschen, aber auch die schwülstigen Beschreibungen seiner Liebesbeziehungen, gemein sein Buch »Feuer«, in dem er die Liebe der Schauspielerin Eleonore Duse verrät. Spektakulär ebenfalls seine Inszenierungen: Am Ende des Ersten Weltkriegs warf er über Wien Flugblätter ab, dann besetzte er das kroatische Rijeka mit einer privaten Armee, ehe die Stadt Italien angeschlossen wurde. Im Vittoriale verherrlichte D'Annunzio sich und seine Taten, das Vorschiff der »Puglia«, seines Kriegsschiffs, musste in den Park eingemauert werden, ein Amphitheater wurde für seine Stücke gebaut, ein mächtiges Mausoleum krönt den Besitz, im Museum hängt sein Flugzeug an der Decke, in einer Halle liegt das Torpedoboot MAS.

HORROR-SCHAU EINES EXZENTRIKERS

Mitten im Park steht der Wohnsitz des umstrittenen Künstlers, eine Horror-Schau an Geschmacklosigkeit und nicht nachvollziehbarer Selbstinszenierung, überall dekadenter Jugendstil vom Feinsten. Das dunkle Haus ist aber auch ein

Kinderstühle und Babypizza in Salò

Eltern kennen das Problem: Manchmal scheitert der Besuch eines Restaurants mit kleinen Kindern an so einfachen Dingen wie dem fehlenden Kinderstuhl. Anders in der Pizzeria Albenaco in Salò, in der Nähe von Il Vittoriale degli Italiani. Hier hat man sich auf die kleinen Kunden eingerichtet. Kinderstühle sind vorhanden und es gibt extrakleine Portionen, etwa eine Baby-Pizza. Ristorante Pizzeria Albenaco, Salò, Piazza Vittorio Emanuele 26, Tel. 0365-400 37, Do geschl.

Ort, der die Besessenheit des Exzentrikers vom Altern des Körpers und dem Tod zeigt. Als beklemmendes Beispiel gilt das Zimmer des Leprakranken: Ein Bett in Form eines Sarges, in das sich D'Annunzio oft legte, beherrscht die makabre Szene. Das Schreibzimmer nannte er das »Zimmer des Verstümmelten«, eine rote Totenhand an der Tür soll die Unmöglichkeit symbolisieren, alle Briefe seiner Verehrer zu beantworten. Die Inschrift über seinem Schlafzimmer schließlich bringt Licht in das dunkle Ich des Mannes: Genie und Wolllust. Wer einmal richtig das Gruseln kennen lernen will, sollte den Rundgang durch das Haus nicht versäumen.

ⓘ Il Vittoriale degli Italiani, Gardone Riviera, Gardone Sopra, Tel. 0365-201 30. Eintritt: Erw. Lit. 10 000, Kinder 7-12 Jahre Lit. 8000. Priora-Führung (Wohnhaus) zusätzl. Lit. 10 000. Geöffnet: April-Sept 8.30-20 Uhr, Okt-März 9-17.30 Uhr. Führungen in der sog. Priora, dem Wohnhaus D'Annunzios, April-Sept 10-18, Okt-März 9-13 und 14-17 Uhr, Mo geschl.

Die tollsten Attraktionen für Kinder

Felszeichnungen im Wald – Pietra delle Griselle

Es geht tief in den Wald hinein. Beim Umherstreifen sind zwischen den Bäumen immer wieder Steinplatten mit geheimnisvollen Zeichen und Bildern zu entdecken. Viele der in den Fels gravierten stilisierten Männchen sollen tatsächlich am Ende der letzten Eiszeit entstanden sein. Die zwölf Reiter schätzt man jünger, Fachleute meinen, sie seien zur Zeit Napoleons entstanden. Wer genauer hinsieht, entdeckt, was die Forscher als Beweis nehmen: Was man früher als Lanzen ansah, seien in Wirklichkeit Gewehre mit aufgepflanzten Bajonetten, deutlich am Knick zu erkennen. Auch die schön in eine große Felsplatte eingravierten Segelschiffe mit Strickleiter sind nicht sehr alt, beim genaueren Hinsehen kann man Dampfräder erkennen, also 19. Jahrhundert. Die Felszeichnungen im Gebiet zwischen Torri und Garda bzw. San Vigilio sind auf mehreren Wegen erreichbar. Der einfachste: 3 km südlich Torri, 1,2 km nördlich San Vigilio (Nähe Busstopp Nr. 28) liegt am Berghang eine mit einem Tor abgesperrte Feriensiedlung. Für Fußgänger ist ein kleines Tor

Nachts auf dem See

Ein besonderes Erlebnis für kleine und große Gardasee-Urlauber: eine nächtliche Bootsfahrt auf dem See! Im August gibt es mehrere Nachtfahrten, freitags von Garda nach Peschiera und zurück. Stationen und Zeiten: Garda 21.30-1.30 Uhr, Bardolino 21.45-1.45 Uhr, Lazise 22.05-2.02 Uhr, Peschiera 22.35-2.30 Uhr. Eine andere Nachttour wird zwischen Desenzano (22.30-3.30 Uhr) und Moniga (23-3 Uhr) angeboten. An Bord wird serviert und aufgespielt. Fahrkosten Lit. 24 000.

offen. Autofahrer, die vor dem Tor keinen Platz finden, drücken auf der linken Seite einen roten Türöffner und stellen das Fahrzeug hinter dem Tor ab. Etwa 400 Meter geht es eine steile Asphaltstraße nach oben, an einer scharfen Linkskurve steht rechts ein Transformatorenhäuschen. Dort weist ein Holzpfeil auf die »Rupestri« hin. Am Trafohäuschen rechts vorbei durch den Wald, folgt bald eine Fußweg-Kreuzung. Man nimmt den nach Norden führenden Pfad, geht also nach links. Nach insgesamt zehn Minuten ist schon die **Pietra delle Griselle** erreicht, noch einmal knapp zehn Minuten sind es zur **Pietra dei Cavalieri** (die Reiter). Am Griselle-Felsen ist u.a. recht deutlich ein Segelschiff mit einer Strickleiter (ital. grisella) zu erkennen, wahrscheinlich eine Gravur aus den letzten Jahrhunderten. Prähistorisch sind aber die in den Felsen gravierten Sonnensymbole und Hände. Auch bei den stilisierten Menschen auf der **Pietra di Crero**, kurz vor Pai, ist man sich einig, dass sie in der Jungsteinzeit entstanden sind.

Weineinkauf rund um Bardolino

Rund um Bardolino, nicht weit von Garda, gibt es mehrere Möglichkeiten, eine gute Flasche Wein zu vernünftigen Preisen zu erstehen: Guerrieri-Rizzardi, Bardolino, Piazza Guerrieri 1, Tel. 045-721 00 28. Costadoro, Bardolino/Vorort Cisano, Via Costadoro 5, Tel. 045-721 16 68. Belvedere, Calmasino, Via Belvedere 5, Tel. 045-723 59 24. Ca' del Ponte, Costermano/Ortsteil di Albaré, Via Costabella 43, Tel. 045-770 06 92. Filli Brentegani, Colà di Lazise, Via Fasolar 1, Tel. 045-759 01 88.

ℹ️ **Pietra delle Griselle**, zwischen Torri und Garda bzw. San Vigilio, siehe S. 58

Die tollsten Attraktionen für Kinder

Rutschenparadies und Badespaß – Acquapark Altomincio

Größten Badespaß versprechen die Rutschen im Acquapark Altomincio. Es gibt sie in unterschiedlichen Längen, Neigungswinkeln und Farben. Sogar für die Allerkleinsten ist eine Mini-Rutsche vorhanden, natürlich im Baby-Pool. Jux garantiert der »Spaß-Tunnel«. Neueste Attraktion im Acquapark Altomincio ist Wassergolf mit vielen nassen Hindernissen. Wer sich mit dem neuen Sport noch nicht so recht anfreunden kann, findet hier auch Spielplätze für Klassiker wie Badminton und Fußball. Irgendwann knurrt nach so viel Action garantiert der Magen. Dann geht es in die Pizzeria der Anlage, denn welches Kind mag keine Pizza! Neben dem Wasserpark liegt ein großer Campingplatz, dessen Bewohner jederzeit freien Zutritt zum Wasserpark haben.

Acquapark Altomincio, Salionze sul Mincio, an der Straße nach Monzambano, Tel. 045-794 51 31. Eintritt: Erw. Lit. 17 000, Kinder 3-10 Jahre Lit. 14 000, Nachmittagspreis (ab 15.30 Uhr) Lit. 14 000. Geöffnet: Ende Mai bis Mitte Sept 10-19 Uhr.

Dicke Plastikreifen dienen als schwimmender Untersatz

Das Non-plus-ultra für Rutschen und Pools: der Acquapark Altomincio

Die tollsten Attraktionen für Kinder

Botanischer Garten – Orto Botanico di Novezzina

Elisa hat immer ein Vergrößerungsglas dabei, um auch die versteckte Wunderwelt im botanischen Garten zu zeigen: die winzig kleinen Blüten an unscheinbaren Moosen, den Kalkrand des Trauben-Steinbrechs, die spitzen, wie ein gefährlicher Stachel aussehenden Brennhaare der Brennnessel, deutlich ist das verkieselte, brüchige Ende zu sehen, das die Haut aufritzt, die dann durch ihre Kapillaren die Brennflüssigkeit aufzieht. Das und vieles andere lernt man bei der Begleiterin durch den Garten in kurzer Zeit. Den Lageplan für die Pflanzen hat sie zwar in der Hand, doch selten stimmt die angegebene Lage. Die Natur sträubt sich gegen die Verplanung durch den Menschen: Erstens werden die Samen z. B. durch Motormäher von Beet 1 diagonal zu Beet 19 transferiert, zweitens war am Platz des botanischen Gartens früher eine Baumschule, die auch chemische Mittel verwendete – an bestimmten Stellen sträubt sich das wilde Edelweiß, um nur eine der eigenwilligen Pflanzen zu nen-

Gaumenfreuden in luftiger Höhe

In erfrischender Höhe von 1235 m bietet die Schutzhütte Novezzina, eine Art Jugendherberge mit Restaurant, typische Gerichte der Gegend, beispielsweise mit Öl angemachtes Trockenfleisch nach Art der früheren Schafhirten. Die Hütte ist von Affi aus über Spiazzi und Ferrara di Monte Baldo zu erreichen – liegt also direkt neben dem Orto Botanico. Wer im Rifugio übernachten möchte, zahlt für ein Mehrbettzimmer Lit. 22 000 mit Frühstück.

nen, gegen den verhunzten Boden und blüht lieber zehn Meter entfernt am Fuß eines kleinen Kalkfelsens. Weil der Plan also durcheinander geraten ist, aber auch weil Elisa Fattorelli so packend durch den Garten führt, ausgerüstet mit einer Akte, in der die deutschen Namen der Pflanzen verzeichnet sind, sollte man unbedingt auf Elisa warten. Vielleicht hat man sogar das Glück, im Teich eine an einem Schilfhalm haftende Haut der ausgeschlüpften Libelle zu entdecken (Stichwort Metamorphose). Etwa eineinhalb Stunden dauert die Führung und keine Minute davon ist langweilig – auch nicht für die jüngsten Familienmitglieder.

Heil- und Aromakräuter

In einer Landschaft, die ohne Pharmakeulen auskommt, kann man sich noch auf die Suche nach Kräutern begeben, die für die Würzküche und für die Heilkunde von Bedeutung sind. Das Kulturamt Pro Loco in Tremosine veranstaltet im Sommer auf der Westseite Führungen zum Kennenlernen dieser Heil- und Aromakräuter. Anmeldung: Pro Loco, Tremosine, Ortsteil Pieve, Tel. 0365-95 31 85 oder bei Ida Ferrari (Heilpraktikerin), Tel. 0365-95 31 54.

ⓘ **Orto Botanico di Novezzina**, Ferrara di Monte Baldo, Strada Graziani (etwa 5 km oberhalb Ferrara), Tel. 045-624 70 65 oder Tel. 045-724 20 21 (Elisa Fattorelli). Eintritt: Ohne Führung Lit. 3000, mit Führung Lit. 4000, Kinder die Hälfte. Geöffnet: je nach Witterung Ende Mai-Sept. Sa nachmittag und So ist immer jemand anwesend, sonst vorher anmelden.

Die tollsten Attraktionen für Kinder

Nachwuchs für Schumi – South Garda Karting

Da dröhnt es auf der Piste, junge Freaks flitzen scheppernd durch die Kurven, drücken auf den Geraden mit zu Drahtseilen erstarrten Muskeln und vibrierenden Nerven das Gaspedal bis zum Anschlag durch, überholen wie bei der Formel 1 Rad an Rad mal rechts, mal links den Konkurrenten, die geschwindigkeitssüchtigen Augen sind unter den martialischen Helmen nur zu ahnen. Dann fahren sie an die Boxen. Dort wartet das Team, das meistens aus einem Vater und/oder einem Onkel besteht, während Mutter und Tante unter einem Sonnendach dösen. Das Geschoss wird aufgebockt und fachmännisch zerlegt und ebenso wieder zusammengebaut. Männer in den Vierzigern opfern ihre Freizeit, um den Filius zu großen Taten anzufeuern, hoffen, das Talent, das natürlich in dem Jungen steckt, herauszukitzeln. Heimlich keimen die Träume, denn auch die beiden Schumachers haben das Rennfieber auf ihres Vaters Kart-Bahn injiziert bekommen.

BAHN FREI FÜR ANFÄNGER

Das sind die jugendlichen Profis, die auf der Piste des South Garda Karting für den nächsten »Trofeo del Garda« trainieren, dem Rennen, das mit den »Junior Nazionale« beginnt und bei der »Formula C« endet. Außerhalb des Trainings, abends zwischen 17 und 24 Uhr, Samstag und Sonntag schon ab 14 Uhr, falls kein offizielles Rennen stattfindet, dürfen aber auch Anfänger ans Steuer, stehen etwas zahmere Karts bereit. Auch die Jüngeren fiebern dem Rennerlebnis entgegen, schon mit sechs Jahren dürfen sie das Gaspedal treten. Wer die Atmosphäre zuerst einmal schnuppern möchte, kann vom angeschlossenen Restaurant bzw. der Terrasse aus die Flitzer beobachten und sich anstecken lassen.

South Garda Karting, Lonato, Hauptstraße Desenzano-Castiglione (AB Verona-Brescia, Ausf. Desenzano), Tel. 030-991 99 58. Eintritt: Rest./Aussichtsterrasse frei. Kart: 10 Min. Lit. 20 000. Geöffnet: Mo-Fr 17-24 Uhr, Sa/So 14-24 Uhr.

Boxenstopp im South Garda Karting

Gut zu wissen

Gut zu wissen

Fakten von A-Z

ANREISE/ANKUNFT

Die meisten Urlauber kommen mit dem Auto. Viele Autobahnen in Italien sind kostenpflichtig. Mitglieder ausländischer Automobilclubs erhalten kostenlose Hilfe beim italienischen Automobilclub ACI (Straßendienst Tel. 116). Der nächste deutschsprachige Notruf des ADAC sitzt in Mailand (Tel. 02-66 10 11 06).
Wer mit der Bahn anreist, findet gute Verbindungen über den Brenner nach Rovereto oder Verona. Für den Süden des Sees ist Verona das Ziel, von dort aus fährt man mit dem Bus oder dem Regionalzug weiter nach Peschiera oder Desenzano, eine andere Buslinie verbindet Verona mit den Orten am Ostufer.
Flugurlauber landen in Verona.

AUSKUNFT

In Deutschland
Prospekte und Kartenmaterial gibt es bei den Büros des Staatlichen Italienischen Fremdenverkehrsamtes ENIT. Prospektbestellungen in ganz Deutschland Tel. 0190-79 90 90, für Informationen außerdem:
Staatliches Italienisches Fremdenverkehrsamt
Kaiserstr. 65, 60329 Frankfurt/Main, Tel. 069-23 74 34, Fax 23 28 94;
Goethestraße 20, 80336 München, Tel. 089-53 13 17, Fax 53 45 27;
Karl-Liebknecht-Str. 34, 10178 Berlin, Tel. 030-247 83 97-8, Fax 247 83 99

In Österreich
Kärntnerring 4, 1010 Wien, Tel. 01-65 43 74, Fax 505 02 48

In der Schweiz
Uraniastr. 32, 8001 Zürich, Tel. 01-211 36 33, Fax 211 38 85

Am Gardasee
Auskünfte über den gesamten Gardasee erteilt:
Comunità del Garda, Via Roma, 25083 Gardone Riviera, Tel. 0039-0365-29 04 11, Fax 0365-29 00 25.

AUTOFÄHRE

Wer die vielen Tunnels auf dem Westufer zwischen Riva und Gargano meiden möchte, kann die Fähre zwischen Torri del Benaco und Maderno nehmen. Ab Torri fährt sie von 9-20.10 Uhr etwa im Halbstunden-Takt, in Maderno fährt die erste Fähre um 8.30, die letzte um 19.40 Uhr ab.
Preise: Auto ab Lit. 10 000, pro Pers. zusätzlich Lit. 6700, Fahrrad Lit. 7000, Motorrad ab Lit. 7700.
Im Juli und August ist ein Fährdienst zwischen Riva und Desenzano eingerichtet, Aus- und Einschiffung nur in diesen beiden Orten. Abfahrt Riva 9.30 und 15.20, ab Desenzano um 9.45 und 15 Uhr.
Preise: Auto mit Fahrer ab Lit. 12 400, zusätzliche Pers. Lit. 16 000, Kinder von 4-12 Jahren Lit. 8000.

AUTOVERMIETUNG

Die Firma Rent a Car gibt es in allen größeren Städten. Mittelklassewagen kosten pro Tag rund Lit. 200 000 inklusive Versicherungen, unbegrenzte Kilometerzahl. Wer Kindersitze braucht, sollte sich vorher erkundigen, dieser Service ist nicht überall vorhanden.

BABYSITTER

In größeren Hotelanlagen wird ein Babysitterdienst angeboten. In der Hauptsaison ist es ratsam, sich frühzeitig anzumelden.

Gut zu wissen

BUS, BAHN UND TAXI

Die Orte rund um den Gardasee haben gute Busverbindungen. Zwei staatliche Gesellschaftern sind für den Transport zuständig: die APT (Azienda Provinciale Trasporti) und die SIA (Società Italiana Autotrasporti). Fahrscheine müssen vorher in einem Tabacchi-Laden oder einem anderen an der Haltestelle angegebenen Geschäft gekauft werden. Die Bahn verbindet die Städte Trient, Rovereto und Verona. Von Verona aus gibt es regionale Verbindungen nach Peschiera, Desenzano und Brescia. Taxifahrten in Italien sind preislich mit Deutschland vergleichbar, die Tarife offiziell vorgeschrieben.

CAMPING

Das Gebiet rund um den Gardasee bietet zahlreiche Campingplätze aller Kategorien. Sehr viele haben Einrichtungen speziell für Kinder. Die folgenden Plätze sind in besonderem Maße für Familien geeignet. Der Vermerk »Eurocamp-Spielleiter« verspricht extra viele Aktivitäten für Kinder (siehe Kasten).

Serenella, Bardolino, Ortsteil Mazzariva, an der SS 249, km 29,8, Tel. 045-721 13 33, Fax 045-721 15 52. Schattig, durch einen

Eurocamp-Service

Campingplätze, die im Eurocamp-Katalog vertreten sind, gelten als ganz besonders kinderfreundlich. Speziell ausgebildetes Personal kümmert sich um die Wünsche der kleinen Gäste. Auf einigen Plätzen gibt es Spielleiter, die sich den ganzen Tag mit immer wieder neuen Spielideen um die Kinder kümmern. Kataloge gibt es bei: Eurocamp, Postfach, 47796 Krefeld, Tel. 0180-520 25 36, Fax 02152-40 69.

Auf den Campingplätzen wird Kinderanimation groß geschrieben: Heute steht zum Beispiel Bogenschießen auf dem Programm

Gut zu wissen

Weg vom 250 m langen, bis 20 m breiten Kiesstrand getrennt, Liegewiese, Kinderanimation, Sportgelegenheiten.

Cisano, Cisano di Bardolino, Via Peschiera s/n, an der SS 249, km 35, Tel. 045-622 90 98, Fax 045-721 00 49. 700 m langer, schmaler Sandstrand, Badesteg, Pool in der Nähe, Kinderanimation; kostenlos: Tennisunterricht, Windsurfkurse, Schwimmunterricht.

La Quercia, Lazise, am südlichen Rand an der SS 249, Tel. 045-647 05 77, Fax 045-647 02 43. 400 m langer, bis 14 m tiefer Sandstrand (!), 4 Badestege, viel Schatten, Kinderanimation, Pool mit Kinderbecken, Whirlpool, Fitnessraum, Tennis, Tischtennis, Minigolf, Bogenschießen, Volleyball, Fußball, Basketball, Angeln, Kanu inklusive inbegriffen, Disco, Babysitter.

International Camping Ideal, Lazise, südlich des Ortes, von der SS 249 Richtung See abzweigen, Tel. 045-758 00 77, Fax 045-758 00 63. 1 km von der Altstadt entfernt. 400 m breiter, 4 m tiefer Kiesstrand, 3 Badestege, Kinderanimation, Sportmöglichkeiten.

Piani di Clodia, Lazise/Ortsteil Bagatta, von der SS 249 abzweigen, Tel. 045-759 04 56, Fax 045-759 09 39. 100 m Kiesstrand, 30 m tief, Liegewiese, Kinderanimation, Sportgelegenheiten.

del Garda, Peschiera, 1 km vom Zentrum, an der SS 249, Tel. 045-755 18 99, Fax 045-755 05 40. 300 m langer, 6 m tiefer, befestigter Strand, 2 Badestege, Pool, Kinderanimation, Tennis, Minigolf.

Bella Italia, Peschiera, Via Bella Italia 2, westliches Ortsende, Tel. 045-640 06 88, Fax 045-640 14 10. 500 m langer, wenig tiefer Kiesstrand, Liegewiese, Eurocamp-Spielleiter, Kinderkino, Pool mit Kinderbecken, Wasserrutschen, Tennis, Tischtennis, Volleyball, Fußball, Bogenschießen, Angeln, Tretbootverleih, Kanu inklusive, Fahrradverleih, Disco, Juniorzelte, Zirkuszelt, Babysitter; kostenlos: Windsurfkurse, Schwimmunterricht, Aerobic-Kurse.

San Francesco, Rivoltella bei Desenzano, Strada Vic. S. Francesco, an der SS 11 bei km 268 Richtung See abzweigen, Tel. 030-911 02 45, Fax 030-911 94 64. 400 m Kiesstrand mit Molen, Badesteg und Liegewiese, Pool-Anlage mit Kinderbecken, Eurocamp-Spielleiter, Basketball, Volleyball, Fußball, Fahrradverleih, Tennis, Tischtennis, Bogenschießen, Angeln, Kanu inklusive, Zirkuszelt, Babysitter.

Piantelle, Moniga, von der SS 572 (Desenzano-Salò) bei km 13 Richtung See abzweigen, Tel. 0365-50 20 13, Fax 0365-50 26 37. Schattig, 300 m langer bis 10 m tiefer Kiesstrand, Kinderanimation.

Zocco, Manerba, von der SS 572 Richtung See abzweigen, Tel. 0365-55 16 05, Fax 0365-55 20 53. 300 m langer, bis 10 m tiefer Kiesstrand, Badesteg, Kinderanimation, Juniorzelte, Tennis, Tischtennis, Volleyball, Fußball, Angeln, Surfen, Segeln, Kanu inklusive inbegriffen, Babysitter.

Belvedere, Manerba, von der SS 572 Richtung See abzweigen, Tel. 0365-55 11 75, Fax 0365-55 23 50. 300 m langer, 5 m tiefer Kiesstrand, Badesteg, Kinder-Freizeitprogramm.

La Rocca, Manerba, Via Cavalle 22, von der SS 572 Richtung See abzweigen, Tel. 0365-55 17 38, Fax 0365-55 20 45. Per Unterführung zum Kiesstrand mit Liegewiese, Kinderanimation, Pool, Kinderbecken, Tennis, Tischtennis, Angeln, Wasserski, Segeln, Tretbootverleih, Kanu inklusive, Tauchen, Babysitter.

Fornella, San Felice del Benaco, im Ort der Beschilderung folgen, Tel. 0365-622 94, Fax 0365-622 00. Zwei 100 m lange Kiesstrände, bis 10 m tief, Kinderanimation, Juniorzelte, Pool, Kinderbecken, Tennis, Tischtennis, Volleyball, Angeln, Wasserski, Segeln, Tretboote, Kanu inklusive, Eurocamp-Spielleiter, Zirkuszelt, Babysitter.

Gut zu wissen

DIPLOMATISCHE VERTRETUNGEN

Für die Bundesrepublik Deutschland: Konsulat der Bundesrepublik Deutschland, 20121 Milano, Via Solferino 40, Tel. 02-655 43 25.
Für Österreich:
Konsulat der Republik Österreich, Milano, Via Tranquilio Cremona 27, Tel. 02-481 29 37.
Für die Schweiz:
Konsulat der Schweiz, Milano, Via Palestro 2, Tel. 02-76 00 92 84. Öffnungszeiten Mo-Fr 9-12 Uhr.

EINREISE

Reisende aus Deutschland, Österreich und der Schweiz benötigen lediglich den gültigen Personalausweis, wenn sie nicht länger als drei Monate im Land bleiben möchten. Die Kontrolle an den Grenzen ist seit dem Schengener Abkommen eingestellt. Für den PKW ist der nationale Führerschein ausreichend, die grüne Versicherungskarte ist nicht vorgeschrieben, aber empfehlenswert.

LINIENSCHIFFE/FÄHREN

Am Gardasee sind die meisten Orte per Linienboot erreichbar, die Fahrpläne hängen an jeder Abfahrtsstelle aus und sind bei den Touristenbüros erhältlich. Zwischen Torri del Benaco und Maderno verkehren regelmäßig Autofähren. Im Sommer (Ende Juni bis Mitte September) gibt es eine Autofähre von Riva nach Desenzano (4 Std.). Das schnelle Tragflügelboot, nur für Personen, bewältigt diese Strecke in 2 1/2 Stunden. Die Mitnahme von Fahrrrädern ist auf allen Booten gestattet.
Weitere Informationen bei: Navigazione sul Lago di Garda, Piazza Matteotti, 25015 Desenzano, Tel. 030-914 13 21.

Organisierte Tagesausflüge per Boot werden in größeren Hafenorten angeboten

Gut zu wissen

FAHRRADVERLEIH/MOUNTAINBIKES

Fast in jedem größeren Urlaubsort gibt es einen Fahrradverleih, auch Hotels und Campingplätze verleihen Fahrräder und Mountainbikes. Kindersitze und Kinderfahrräder sind vorhanden, jedoch nur wenige, sodass es ratsam ist, sie gleich bei Urlaubsbeginn zu reservieren. Die Tagesmiete beträgt zwischen Lit. 20 000 und Lit. 30 000.

Angesichts dieser Auswahl werden auch Mama und Papa schwach

Vorschriften für Wassersportler

Damit das Badevergnügen auch für alle Beteiligten ein Vergnügen bleibt, müssen einige Regeln beachtet werden. Taucher müssen ihre Anwesenheit durch Bojen anzeigen. Wasserskifahrer dürfen sich nur von ausgebildeten Bootsführern ziehen lassen. Windsurfer dürfen ihr Brett nur von Sonnenaufgang bis Sonnenuntergang benutzen und nur bei guter Sicht. Die Rettungsweste ist für sie Vorschrift. Über die Benutzung von Jet-Skis hat jede Gemeinde ihre eigenen Vorschriften, die Gemeindepolizei gibt Auskunft. Innerhalb eines Küstenstreifens von 500 Meter Breite dürfen Motorboote nur mit einer Geschwindigkeit von 5 Knoten fahren, bei der Ein- und Ausfahrt in Häfen mit 3 Knoten, die Höchstgeschwindigkeit: tagsüber 22, in der Nacht 10 Knoten.

FUNDBÜRO

Zuständig ist die Gemeindepolizei im Rathaus, dem Municipio. Auch die Carabinieri helfen in solchen Fällen.

GELD

Bis zur Einführung des Euros gilt für den Umtausch von DM/ÖS/SF- und/oder Reiseschecks weiterhin: Der Umtausch ist in Wechselstuben, Hotels und Banken möglich. Banken verlangen 1-3 % an Gebühren, es gibt keine festen Sätze. Inhaber von Post-Sparbüchern können mit Rückzahlungskarten auch bei italienischen Postämtern Geld abheben. Hotels, Restaurants sowie die meisten Tankstellen und Geschäfte nehmen Eurocheques und Kreditkarten an. Mit der Eurochequekarte, auch mit anderen Kreditkarten, lässt sich nach Eingabe der persönlichen Geheim-

Gut zu wissen

Nicht in allen Gemeinden dürfen vierbeinige Familienmitglieder an den Strand

nummer an den meisten Geldautomaten Geld abheben. 1000 italienische Lira (LIT) entsprechen etwa DM 1 (0,95). Öffnungszeiten der Banken: Mo-Fr von 8.30-13.30 und 14.45-15.45 Uhr, in Urlaubszentren öffnen manche Banken auch samstags.

KLIMA UND REISEWETTER

Von Juni bis September, oft auch bis in den Oktober hinein, kann man im See bei einer Wassertemperatur zwischen 18 und 27 Grad baden. Im Juli und August wird es recht heiß am See, die ständige Brise macht die Hitze aber erträglich. Für Wanderungen empfehlen sich Frühjahr und Herbst. Auch im Winter nutzen Wanderer die Gegend rund um den See. Insgesamt gilt: Der nördliche Teil des Sees ist frischer als der südliche. Im Winter zeigt sich das besonders stark. Im Süden herrscht milde Witterung, im Norden und am Monte Baldo kann es sogar schneien.

Klimatabelle

	Jan	Feb	Mrz	Apr	Mai	Juni	Juli	Aug	Sep	Okt	Nov	Dez
Wassertemperaturen in °C	8	6	8	10	13	18	20	27	19	16	12	10
Lufttemperaturen in °C (max.)	15	15	24	24	24	31	31	31	28	20	20	15
(min.)	5	5	15	15	15	24	24	24	20	10	10	5
Sonnenschein (in Std.) täglich	3,4	4,4	5	5,5	6,6	7,4	8,3	7,2	6	5,3	2,7	3,2
Niederschlag (Tage/Monat)	5	5	7	9	11	10	8	8	7	8	8	6

Gut zu wissen

MEDIEN

Deutsche Tageszeitungen und Illustrierte sind in der Saison in allen größeren Ferienorten zu finden, die Auslandsausgaben der Tageszeitungen gibt es bereits am frühen Morgen. Große Hotels verfügen über Satellitenempfang; welche deutschen Sender zu empfangen sind, ist recht unterschiedlich. Wer Wert auf abendliches TV-Programm legt, sollte sich vorher nach der Auswahl der Sender erkundigen. Radiosendungen in deutscher Sprache gibt es bei Radio CBG Verona auf FM 94, 95,3 und 95,6 MHz, bei Europa 23 auf FM 91, 100,1 und 102,3 MHz.

MEDIZINISCHE VERSORGUNG

Die ärztliche Versorgung am Gardasee entspricht mitteleuropäischem Standard. An der Hotelrezeption und bei den Touristenämtern erfährt man die Adressen deutschsprachiger Ärzte. In den italienischen Gesundheitszentren USL (Unità Sanitaria Locale) werden Bürger aus EU-Staaten kostenlos behandelt und ggf. an zuständige Fachärzte überwiesen. Deutsche Urlauber müssen sich bei der Krankenkasse das Formular E 111 besorgen und es im Krankheitsfall vorlegen. Bei Privatärzten muss das Honorar erst einmal vorgestreckt werden, das oft nur teilweise von der Kasse erstattet wird. Für die Dauer des Urlaubs ist der Abschluss einer Auslands-Krankenversicherung unbedingt zu empfehlen, sie enthält auch die Deckung der Kosten für einen eventuell notwendigen Rücktransport. Apotheken heißen auf italienisch Farmacia. Die Medikamentenauswahl entspricht internationalem Standard.

DEUTSCH SPRECHENDE ÄRZTE

Praktische Ärzte/Kinderärzte
Dr. Adelheid Fischer, praktische Ärztin, Malcesine, Via Cerche 18,
Tel. 045-657 01 18
Dr. Aiko Borchert, praktischer Arzt, Riva, Viale Rovereto 122, Tel. 0464-55 41 51, in Notfällen: Tel. 0348-260 24 08

Dr. Tiziano Perbellini (spricht besser Englisch), Kinderarzt, Torri del Benaco, Via Gardesana 48, Tel. 045-629 66 13 und Malcesine, Vicolo Portichetti 11, Tel. 045-657 00 39

Guardia Medica Turistica/Ärztlicher Notdienst für Touristen
Der Service der Gesundheitsbehörde ULSS gilt etwa zwischen der letzten Dekade Juni und Mitte September. Er ist z.B. in der Provinz Brescia kostenlos (wie in den Gesundheizsentren), in anderen Provinzen kostet eine Behandlung im Ambulatorium Lit. 30 000, eine Rezepterneuerung Lit. 10 000, Blutdruckmessung Lit. 10 000. Bei einem Hausbesuch muss mit Lit. 50 000 bis Lit. 100 000 (Nachtbesuch) gerechnet werden. Die Besuchszeiten sind verschieden, in manchen Orten von 8-12, in anderen von 14-18 Uhr.
Arco, Tel. 0464-58 22 57;
Bardolino, Tel. 045-721 08 32;
Garda, Tel. 045-725 59 99;
Gargnano, Tel. 0365-711 14. Nach 20 Uhr für Notfälle: Tel. 0365-711 51;
Lazise, Tel. 045-644 51 32;
Limone, Tel. 0365-95 45 16 (auch nächtlicher Ärztedienst);
Maderno, Tel. 0365-64 10 36;
Malcesine, Tel. 045-740 11 25;
Riva, Tel. 0365-58 26 55, Mo-Fr 9.30-12 Uhr. Tägl. 8-20 Uhr, Tel. 0347-966 23 71. Notarzt nachts 20-8 Uhr, Tel. 0365-58 26 29;
San Zeno di Montagna, Tel. 045-728 50 17;
Torri del Benaco, Tel. 045-722 55 48

Zahnärzte
Dr. Michael Trautmann, Arco, Via Dosso 3, Tel. 0464-51 84 60
Dr. Claudio Balestra, Gargnano, Via XXIV Maggio 10, Tel. 0365-722 11
Dr. Remo Moratti, Gargnano, Piazza Feltrinelli 27, Tel. 0365-714 11

Tierärzte
Dr. Davide Ortolani, Salò, Via San Bernardino 29, Tel. 0365-427 28
Dr. Emilio Smadelli, Salò, Via Fantoni 69, Tel. 0365-215 96 (privat Tel. 0365-206 54)

Gut zu wissen

NOTRUFE

Medizinische Notfälle, Krankenwagen	118
Rettungsdienst (bei Katastrophen)	113
Polizei	112
Feuerwehr	115

ÖFFNUNGSZEITEN

Banken: Mo-Fr 8.30-13.30 und 14.45-15.45 Uhr.
Postämter: Mo-Fr 8.15-14, Sa 8.15-12 Uhr.
Geschäfte und Apotheken: Mo-Fr 8.30/9-12/12.30 und 15.30/16-19/20 Uhr. In touristischen Gebieten gelten die Öffnungszeiten auch Sa, manchmal ist an Werktagen sogar bis 22 Uhr geöffnet.

ORGANISIERTE AUSFLÜGE

In vielen Reisebüros rund um den See werden organisierte Ausflüge angeboten. Ein paar Beispiele mit ungefähren Preisangaben (Kinder bis 2 Jahre frei, von 2-12 Jahren 50%):
Girolago, Gardasee-Rundfahrt mit Bus und Schiff, 9-18 Uhr, Zustieg in Limone, Riva, Torbole, Malcesine, Brenzone und Bardolino, Lit. 55 000.
Venedig mit Bus und Motorboot, 8-19.30 Uhr, Lit. 72 000.
Märkte in Rovereto und Trient mit dem Bus, 8-17 Uhr, mit kalter Platte und Weinprobe, Lit. 50 000.
Bustour zu Trentiner Weinen, 14-18.30 Uhr, mit Imbiss, Weinprobe und zwei Flaschen Wein, Lit. 48 000.

SPRACHE

In touristischen Zentren wird allgemein Deutsch gesprochen, sei es in Hotels, auf Campingplätzen oder in Geschäften. Doch gleich ein paar Kilometer weiter, in einem Restaurant auf dem Land oder bei einem Ausflug in die Berge, ist ein kleiner Sprachführer angebracht.

Allgemeines

Guten Tag – Buon giorno
Guten Abend/Gute Nacht – Buona sera/notte
Auf Wiedersehen – Arrivederci
Bis bald – a presto
heute/morgen/übermorgen – oggi/domani/dopo domani
Wie geht es Ihnen/Dir? – Come sta/stai?
Danke, gut – Grazie, bene
Ich heiße ... – Mi chiamo ...
Wie heißen Sie? – Come si chiama?
Sehr erfreut – Piacere
Ich bin Deutsche/r – Sono tedesca/o
Sprechen Sie Deutsch? – Parla tedesco?
Ich verstehe – Capisco
Ich verstehe nichts – Non capisco niente
Entschuldigung – Scusi
Bitte/danke – per favore/grazie
Wo/wohin/woher – dové/dové/da dové
Wo ist – dové
Was/wann – che cosa/quando
Wie lange – quanto tempo
Warum/wer – perché/chi
Rechts/links – a destra/a sinistra
Geradeaus/zurück – sempre diritto/indietro
Ich möchte bezahlen – vorrei pagare
Wie viel kostet es? – Quanto costa?

Im Hotel/Restaurant

Hotel/Restaurant – albergo/ristorante
Haben Sie ein Zimmer? – Avete una camera?
Wie viel kostet das Zimmer? – Quanto costa la camera?
Ich möchte gerne ein – Vorrei una

Sommersturm auf dem See

Es kann ganz schön stürmen auf dem Gardasee, auch im Sommer. Im Rahmen des »Globalen Projekts für die Schifffahrts- und Badesicherheit auf dem Gardasee« stehen Rettungsmannschaften mit besonders ausgerüsteten Booten ständig in Bereitschaft, die ausschließlich bei Notfällen zum Einsatz kommen. Im Notfall anrufen: Tel. 167-09 00 90 (Festnetz- und Mobiltelefone), Tel. 15 30 (fest installierte Telefonapparate).

Gut zu wissen

Einzelzimmer/Doppelzimmer – camera singola/doppia
Mit Dusche/Bad/Balkon – con doccia/bagno/balcone
Mit Doppelbett/Seeblick – con matrimoniale/vista sul lago
Den Schlüssel bitte – la chiave, per favore
Ich reise morgen ab – parto domani
Die Rechnung bitte – il conto, per favore
Frühstück – prima colazione
Mittagessen/Abendessen – pranzo/cena
Ich habe Hunger/Durst – Ho fame/sete
Ich möchte etwas essen – Vorrei mangare qualcosa
Nur ein wenig – Solo un poco
Danke, das ist genug – Grazie, basta cosi
Ich bin satt – Sono sazio

STROM

Die Stromspannung beträgt normalerweise 220 Volt. Deutsche Schukostecker passen selten in italienische Steckdosen. Zwischenstecker gibt es in Elektro- oder Haushaltswarengeschäften, auch die Hotelrezeption hilft gerne aus.

TELEFON

In den Urlaubsorten gibt es an fast allen größeren Plätzen, aber auch auf den speziellen Ämtern der Telecom Telefonzellen, von denen aus man mit Hilfe von Telefonkarten problemlos mit dem Ausland telefonieren kann. Telefonkarten für Lit. 10 000 und Lit. 20 000 gibt es an Automaten, in den Hotels sowie an Zeitungskiosken und in Tabakläden. Das Telefonieren von den Hotels ist wie üblich erheblich teurer. Die Ortsvorwahl inklusive der Null gehört zum festen Bestandteil jeder Teilnehmernummer, gleichgültig ob man vom Ausland anruft, von einem italienischen Ort oder innerhalb des Ortes. Als Beispiel die Nummer der Informationsstelle in Gardone Riviera: Tel. 0039-0365-29 04 11. Die Vorwahl von Italien nach Deutschland ist 0049, nach Österreich 0043 und in die Schweiz 0041. Danach lässt man die Null vor der Ortskennzahl weg und wählt die Anschlussnummer.

TIERE

Hunde und Katzen, die mit in den Urlaub sollen, müssen gegen Tollwut geimpft sein. Bei Hunden soll die letzte Tollwutspritze mindestens 20 Tage, aber höchstens 11 Monate alt sein. Bei Katzen soll sie mindestens 20 Tage, aber nicht älter als 6 Monate alt sein. Außerdem wird ein tierärztliches Gesundheitszeugnis (nicht älter als 30 Tage) benötigt. Ob Hunde und Katzen in der Unterkunft erlaubt sind, muss unbedingt vorher geklärt werden.

TRINKGELD

In den meisten Restaurants ist der Service im ausgeschriebenen Preis enthalten, bei guter Bedienung wird jedoch ein zusätzliches Trinkgeld erwartet. Je nach Kategorie des Hauses und Zufriedenheit des Gastes gibt man 5-15%. Im Hotel sollte das Zimmermädchen, auch hier je

Die Grillmeister des Gardasees

Die Lombarden auf den Höhen des Brescianer Naturschutzgebietes, im Valténesi, am Montegargnano mit Valvestino-Gebiet sowie auf den Hochebenen von Tignale und Tremosine sind die Grillmeister des Gardasees. Fast jedes Restaurant wirft seinen Grill an, oft täglich, auf jeden Fall am Wochenende. Der typische Spieß, der »spiedo«, wird mit Stücken von Schweinefleisch, Hähnchen und Kaninchen bestückt, dazwischen immer wieder große Kartoffelhälften und Salbeiblätter. Dann dreht sich das ganze Arrangement langsam etwa drei Stunden lang, immer wieder mit flüssiger Butter beträufelt. Dort, wo garantiert nur Einheimische einkehren, hängen zwischen den Fleischstücken auch immer wieder einmal frisch gefangene Vögel, Drosseln beispielsweise.

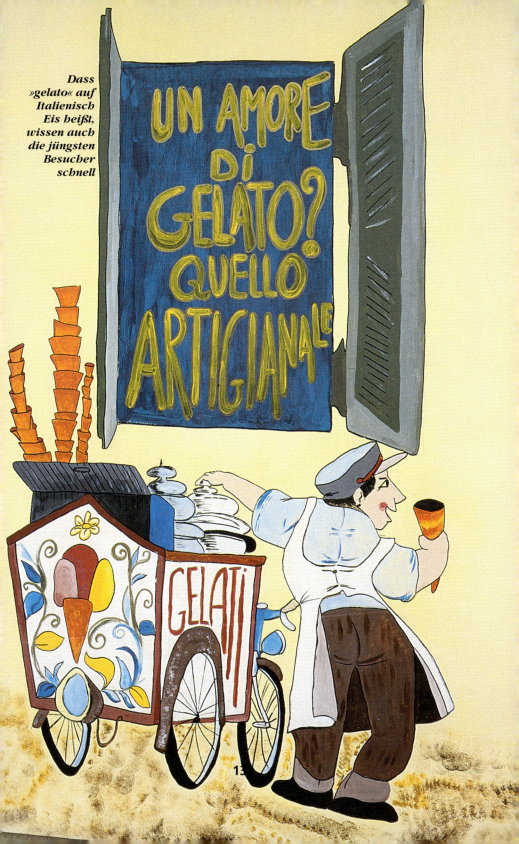

Gut zu wissen

nach Kategorie des Hauses, ab Lit. 10 000 die Woche und Person erhalten, ähnlich der Kellner. Der Gepäckträger sollte für ein nicht allzu großes Gepäckstück Lit. 2000 bekommen (in Luxusherbergen mehr). An der Bar freut sich der Barkeeper, wenn Trinkgeld liegen gelassen wird. Taxifahrer werden nach dem Taxameter entlohnt, man rundet bei besonderer Freundlichkeit auf die übernächsten Lit. 1000 auf; beim Friseur gibt man üblicherweise rund 10% Trinkgeld.

UNTERKÜNFTE

Unterkunftsverzeichnisse sind bei den örtlichen Fremdenverkehrsämtern erhältlich. Ein Verzeichnis für den gesamten Gardasee unter dem Titel »Garda informa« gibt es bei der
Comunità del Garda, 25083 Gardone Riviera, Via Roma 8, Tel. 0365-29 04 11, Fax 0365-29 00 25
bzw. beim privaten Help Service, PO-Box 10 CAP, 25083 Gardone Riviera, Tel./Fax 0039-0365-29 04 00.
Rund um den Gardasee gibt es ein reichhaltiges Angebot an Unterkünften. Zur Orientierung finden Sie hier zehn besonders kinderfreundliche Unterkünfte. Sie werden auch bei deutschen Reiseveranstaltern angeboten, die in manchen Fällen höhere Kinderermäßigungen ausgehandelt haben. Die Preise beziehen sich auf eine Person im Doppelzimmer mit Balkon, eine Woche Halbpension in der Hauptsaison.

Panorama, 25010 Limone, Via 4 Novembre 86, Tel. 0039-0365-95 46 12, Fax 0039-03 65-95 41 20.
Außerhalb des Ortes in ruhiger Lage, großer Pool, privater Kiesstrand, Tennisplatz, Surfbrettabstellplatz, Spielplatz; Hunde sind nicht erlaubt.
Lit. 910 000, drittes Bett 20% Ermäßigung, Kinderbett Lit. 15 000 pro Tag.

Leonardo da Vinci, 25010 Limone, Via 4 Novembre 3, Tel. 0039-0365-95 43 51, Fax 0039-0365-95 44 32.
Große, terrassenförmig angelegte Hotelanlage am Rande der Stadt, 100 Meter vom Strand entfernt. Nebenhäuser in einem Park, großer Pool, zwei kleine, mit einer Rutsche verbundene Pools, Hallenbad, Sauna, Fitnessraum, Minigolf, Kinderspielplatz, Miniklub für 6-11 Jahre, Juniorklub für 12-17 Jahre von Mai bis Oktober.
Kinder-Abendessen mit Beaufsichtigung. Haustiere bis 10 Kilo erlaubt, jedoch nicht in Zimmern mit Teppichboden, im Restaurant, an der Bar und am Pool. Lit. 900 000, Kinder unter 3 Jahre gratis, Ermäßigung für Kinder im 3. und 4. Bett bis 6 Jahre 100%, bis 12 Jahre 50%, ab 12 Jahre 20%.

Cap Reamol, 25010 Limone, Via 4 Novembre 92, Tel. 0039-0365-95 40 40, Fax 0039-0365-95 42 62.
Komfortables, gemütliches Hotel, etwa 3 km außerhalb von Limone in ruhiger Lage, großer Garten, privater Strand (300 m) mit Badeplateau, Surfschule, Pool, Fitnessraum, Sauna, Beautysalon; Hunde sind nicht erlaubt.
Lit. 980 000, Kinder bis 6 Jahre gratis, Kinderbett Lit. 20 000 pro Tag, Ermäßigung für 3. und 4. Bett 30%.

Agriturismo in den Hügeln

Urlaub auf dem Land ist auch am Rande des Gardasees möglich. Eine besonders gute Adresse: Il Ghetto, sieben Ein- und vier Zweizimmerwohnungen, Pool, Restaurant, Weinverkauf (Soiano del Lago, Via Ghetto 3a, Tel. 0365-50 29 86, Fax 0365-67 43 59).
Ebenso empfehlenswert: San Tomás bei Lonato; mehrere Wohnungen mit vier Betten und kleiner Küche, Spielplätze, zwei Pools, Solarium, Reitstall (San Tomaso di Lonato, Tel. 0309-13 03 29, Fax 0309-13 02 22).

Gut zu wissen

In vielen Hotelanlagen gibt es Spielplätze für die kleinen Gäste

Splendid La Pergola, 25010 Limone, Via 4 Novembre 66,
Tel. 0039-0365-954631,
Fax 0039-0365-95 41 20.
Zwei Hotelgebäude in der Nähe des Zentrums, 250 Meter vom Strand entfernt, zwei Pools, Kinderbecken bei La Pergola, Miniklub für 3-11 Jahre, Kinder-Abendessen; Hunde nicht erlaubt. Lit. 875 000, 3. Bett 20% Ermäßigung, Kinderbett Lit. 15 000 pro Tag.

Hotel du Lac et du Parc, 38066 Riva del Garda, Viale Rovereto 44, Tel. 0039-0464-55 15 00, Fax 0039-0464-55 52 00.

Komfortables Hotel inmitten eines traumhaften Parks mit kleinen Seen und Liegewiesen. In der Nähe eines öffentlichen Kiesstrands, zwei Pools, Kinderbecken, Hallenbad, Sauna, Solarium, Massagen, Beautysalon, Fitnessraum, zwei Tennisplätze, Segel- und Windsurfschule, Mountainbike-Vermietung. Miniklub für Kinder ab 3 Jahre von Juni bis September, Kinderhaus im Garten, Babysitter auf Anfrage; Hunde bis 40 cm Schulterhöhe erlaubt, Lit. 25 000 pro Tag. Lit. 1 260 000 kostet der 2-Betten-, Lit. 2 450 000 der 4-Betten-Bungalow, Kinderbett/Tag Lit. 20 000.

Club Hotel und Residence La Vela, 38069 Torbole, Via Strada Granda 2,
Tel. 0039-0464-50 59 40,
Fax 0039-0464-50 59 58.
Komfortable Hotel- und Apartmentanlage in Stadtnähe, etwa 200 m zum See. Pool und Kinderbecken, Sauna, Solarium, Massage. Miniklub im Juli und August; Hunde sind nicht erlaubt. Lit. 840 000 im Juli, Lit. 1 080 000 im August, Ermäßigung für 3. und 4. Bett von 3-7 Jahren 100%, von 7-12 Jahren 50%. Apartment für Selbstversorger mit 2 Räumen/4 Pers. oder 3 Räumen/6 Pers. Lit. 1 600 000 oder Lit. 1 950 000.

Don Pedro, 37018 Malcesine, Ortsteil Navene, Tel. 0039-045-74 003 83,
Fax 0039-045-740 11 00.
Große Hotelanlage in einem sehr großen Garten mit Haupthaus, Nebenhäusern und Villen. In ruhiger Lage, ca. 1,5 km oberhalb von Ort und Strand. Pool, zwei Kinderbecken, Hallenbad, zwei Tennisplätze, Sauna, Fitnessraum, Fahrradvermietung, Minigolf, Tischtennis, Boccia, schallisolierte Diskothek, Spielplatz, Miniklub von 6-11 Jahren und Juniorklub von 12-17 Jahren von Mai bis Oktober. Haustiere bis 10 Kilo erlaubt, jedoch nicht in Zimmern mit Teppichboden, im Restaurant, an der Bar und am Pool. Lit. 840 000, Ermäßigung für Kinder im 3. und 4. Bett bis 6 Jahre 100%, bis 12 Jahre 50%, ab 12 Jahre 30%.

Gut zu wissen

Poiano, 37010 Garda Ortsteil Poiano/Costermano, Tel. 0039-045-720 01 00, Fax 0039-045-720 09 00.
Großzügige Hotelanlage, auch Apartments und Ferienwohnungen, etwa 3 km oberhalb von Garda, in ruhiger Lage mit Blick auf den See. Großer Pool mit Kinderbecken, sechs Tennisplätze, Tennisschule, Sauna, Mountainbike-Vermietung, Spielplatz, Miniklub von 4-11 und Juniorklub von 11-14 Jahren von Juni bis September, Babysitter auf Anfrage; Hunde sind nicht erlaubt. Das Hotel wurde mit dem TÜV-Management-Zertifikat ausgezeichnet. Lit. 900 000, Ermäßigung für Kinder im 3. und 4. Bett bis 3 Jahre 100%, von 4-12 Jahren 50%, ab 13 Jahre 30%.

Radisson Le Torri del Garda, 37010 Torri del Benaco, Via Bardino-Albisano, Tel. 0039-045-629 67 55, Fax 0039-045-629 67 66.
Hotelkomplex mit 89 Suiten (mit Kochnische) rund um einen großen Pool, in ruhiger Hanglage oberhalb des Sees. Fitnesstraining, Sauna, Mountainbike-Verleih, Kinderanimation; Hunde erlaubt (Lit. 10 000 pro Nacht).
Lit. 1 470 000, Kinder unter 6 Jahre frei, Extrabett für 6-12 Jahre Lit. 350 000, zusätzlich für Halbpension Lit. 140 000.

Residence Arca, 37011 Bardolino.
Tel. 0039-045-620 94 44,
Fax 0039-045-621 04 20.
Zwischen Garda und Bardolino oberhalb der Hauptstraße.
Große Apartmentanlage rund um den großen Pool mit Kinderbecken, Spielplatz, ruhige Lage, 500 m vom Strand entfernt, acht Tennisplätze, Tennisschule, Fahrradverleih, Animationsprogramm, Gesundheits- und Sportprogramme, Miniklub, Babysitter, Italienischkurs für Kinder; Hunde nicht erlaubt.
Lit. 600 000, Kinder bis 3 Jahre frei, ab 4 Jahre voller Preis. Preis für 4-Personen-Apartment (mit Geschirrspülmaschine) pro Woche ab Lit. 1 045 000, Nebenkosten Lit. 74 000, bei Halbpension plus Lit. 270 000 ab 4 Jahre.

VERKEHR

In der Hauptsaison sind die Gardesana Orientale (Ostufer) und die Gardesana Occidentale (Westufer) stark überlastet. Vor allem am Wochenende sollte man auf Autotouren in Seenähe verzichten. Beim Besuch der Städtchen sollte man außerhalb einen Parkplatz suchen oder das Fahrzeug auf einem gebührenpflichtigen Parkplatz abstellen. Wildes Parken wird streng geahndet, das Auto schnell abgeschleppt. Am besten man nutzt die guten Bootsverbindungen zwischen den Seeorten. Die Straße am Westufer besteht zwischen Riva und Gargnano fast nur aus Tunnels, die teils sehr eng sind. Wenn Busse oder Lastwagen entgegenkommen, muss teilweise mit langwierigen Manövern gerechnet werden.
Das Tankstellennetz rund um den See ist dicht, man muss aber auf die Öffnungszeiten achten: Mittags sind die Tankstellen von 12.30/13 bis 15.30/16 Uhr, abends ab 19/20 Uhr geschlossen. Auch an Sonn- und Feiertagen schließen viele Stationen ganztägig. Viele haben trotzdem die Tafel mit »Aperto« (geöffnet) aufgestellt. Das bedeutet, man kann an Automaten mit Lire-Scheinen (Lit. 10 000, Lit. 20 000 und Lit. 50 000) tanken. Oft ist es ein Geduldspiel, weil auch neue Scheine immer wieder ausgespuckt werden.
Es herrscht Gurtpflicht, die Promillegrenze liegt bei 0,8. In den Ortschaften gilt meistens Höchstgeschwindigkeit 50 km/h, auf Landstraßen 90 km/h, auf Autobahnen 110 (Brenner-Autobahn) und 130 km/h.

ZOLL

Für EU-Bürger gilt der freie Warenverkehr, Gegenstände des persönlichen Bedarfs dürfen in unbegrenzter Menge ein- und ausgeführt werden.

Gut zu wissen

Einkaufen & Mitbringsel

Souvenirgeschäfte mit allerlei mehr oder weniger brauchbarem Krimskrams gibt es rund um den See zu Tausenden. Wer Kitsch mag, wird hier gut bedient, Obstschalen mit Porzellanfrüchten, Fischteller mit plastischen Hummern, Schüsseln mit Zwiebeln- oder Blumenarrangements. Aber auch Porzellangeschirr mit feinem, unauffälligem Design ist zu entdecken, teils auch auf Märkten, auf jeden Fall aber in speziellen Geschäften der größeren Urlaubsorte. Keramikgeschäfte bieten auch Kacheln mit lustigen Zeichnungen und Sprüchen an: Eis essen verboten, Vorsicht, bissige Katze etc. Typisch italienisch sind auch Lederwaren und – immer mehr in Mode – Lebensmittel vom Land.

BUNTE MÄRKTE

Zu Italien und speziell zum Gardasee gehören Wochenmärkte wie die Messe zum Sonntag. Märkte brauchen Zeit und sie machen Spaß. Wer gern seine Wohnung schmückt, wird nach weißen, durchwirkten Gardinen für die großen und kleinen Fensterscheiben Ausschau halten. Auch originelle Küchenschürzen mit allerlei Karikaturen und frechen Sprüchen sind zu finden. Bei den Marktbuden mit Holzwaren interessieren Pastahölzer, mit denen sich beim Rollen über den Teig die Ravioli etc. formen lassen. Oder Mörser mit Stößel für die Knoblauch-Öl-Soße gibt es preiswert. Auffallend viele Messingwaren sind zu entdecken, auch Geräte aus Schmiedeeisen, z.B. Grillgitter oder Kamingeschirr, Gebrauchsgegenstände aus bronziertem Metall, auf antik gemacht, oft Geschmackssache, aber Türklopfer oder Kerzenhalter sollte man sich einmal ansehen.

SCHUHE UND LEDERWAREN

Seit Jahrzehnten hat sich der Ruf gehalten, in Italien kaufe man Schuhe und Lederwaren günstiger als nördlich der

Souvenirs gibt es in jedem Ort

Alpen. Zum Teil stimmt das auch heute noch, doch sollte man die Warenkunde beherrschen, ehe man groß einsteigt. Bei sehr billiger Ware lässt nämlich die Verarbeitung zu wünschen übrig. Am sichersten geht, wer Markenware kaufen möchte und die Preise in Deutschland kennt, also z.B. Schuhe von adidas, Puma, Nike, Timberland etc. Man merkt dann bald, wie groß die Unterschiede sind.

Bei Lederwaren, Handtaschen z.B., ist der Vergleich sowieso schwierig, hier kommt es auf den Geschmack an. In dieser Hinsicht haben sich die italienischen Lederfabrikanten einiges einfallen lassen, Taschen mit viel Fantasie, gefälligem Design, Geheimtäschchen und anderen Spielereien.

Da im Urlaub auch Zeit für einen vergnüglichen Einkauf sein sollte, lohnt es sich, durch die großen Märkte für Schuhe und Lederwaren zu bummeln, für die überall Werbung gemacht wird.

Gut zu wissen

MODISCH UND ELEGANT

Italiens Modedesigner haben einen guten Ruf, es macht Spaß, durch die Boutiquen der größeren Städte zu streifen, Riva bietet sich dafür an, im Süden gilt Salò als Einkaufsstadt. Günstig sind beispielsweise Wollwaren aus Kaschmirwolle. Man sollte beim Einkaufsbummel auf Namen achten, die guten Geschmack und Eleganz garantieren: Valentino, der Liz Taylor kleidet, Madonna wählt Designs von Dolce & Gabbana, Romeo Gigli hat sich mehr dem Nostalgischen zugewandt, den 50er-Jahren, wer mehr auf Christian Dior steht, hat auch den italienischen Stilisten Gian Franco Ferré gewählt, zuständig für Wollkreationen sind Fissore und Missoni und man sollte auch Ausschau halten nach Modellen von Liviana Conti, Laura Biagiotti, Gianni Versace sowie Giorgio Armani.

KINDERKLEIDUNG

Italien ist berühmt für seine fantasievolle Kinderkleidung. Die Eltern wundern sich, wie schnell die beim Überziehen des Pullovers übliche Quängelei vergessen ist, wie flott die Köpfchen aus dem Kragen rutschen. Der Grund liegt in den lustigen Applikationen, wie Kapitän Bär mit Ruderboot, wollig-mollige Schäfchen, pausbäckige Wanderer mit Tirolerhut und was den Designern sonst alles einfällt. Sobald die Kinder aus dem Alter heraus sind, in dem sie allen voller Stolz ihre Jacken mit Watschelenten zeigen, wechselt die Garderobe in die schicke, elegante Mode über. Dann werden aus zehnjährigen Mädchen junge Damen, aus den Jungen smarte Burschen, denen nur noch das Handy fehlt. Besonders schön: Fashionable Kinderkleidung muss nicht teuer sein. Einen netten Pulli der Marke Brums gibt es bereits für Lit. 40 000. Muss es aber ein Gestricktes von Armani oder Rita sein, liegt der Preis gleich in der Nähe von Lit. 200 000. Außer Brums, bekannt für bequemen Schnitt und strapazierfähiges Material, gehören zur Mittelklasse auch Mirtillo – mit der Untermarke Mirtillino für das Strampelal-

Alles fürs Kind

Desenzanos Fußgängerzone gehört zu einer der beliebtesten Bummelmeilen am südlichen Gardasee. Entsprechend groß ist die Auswahl an gut sortierten Geschäften, vorwiegend Textilien und Lederwaren. Die größte Vielfalt an Kinderkleidung (abbigliamento per bambino 0-16) finden Eltern, Tanten und Großeltern bei »Primaluna«. Hier sind alle wichtigen Marken vertreten, vorwiegend der mittleren Preisklasse. Primaluna, Via Santa Maria 45, Desenzano.

ter – sowie Kleidung von Grant, die mehr dem klassisch-eleganten Schnitt folgt. Auch Parrot bevorzugt die eher strenge Linie. Mollig-weich und recht bequem zieht Les Parrotines Kinder zwischen sechs Monaten und sechs Jahren an. Henry Cotton's Freizeitkleidung ist vor allem für Jungs zwischen zwei und 16 Jahren interessant, Miss Bluemarine kopiert die Mode der Erwachsenen und bedient Mädchen zwischen vier und 14. Bluemarine Baby schließlich hat Eltern von Kindern im Alter zwischen ein und sechs Jahren als Kunden.

WEIN UND OLIVENÖL

Ob für den eigenen Haushalt oder als Mitbringsel, es hat sich eingebürgert, den Daheimgebliebenen eine Flasche Wein oder Olivenöl vom Gardasee mitzubringen, damit kommt man immer gut an. Wer im Südwesten Urlaub macht, also grob zwischen Desenzano und Salò, sollte den originären, roséfarbenen Chiaretto wählen oder für Rotweinfreunde einen Groppello.
Im Süden und Südosten, ungefähr zwischen Sirmione und Peschiera mit dem Mincio-Gebiet als Hinterland, wachsen die Weißweine von Lugana und Custoza, zwei delikate Tropfen. Bardolino ist bekannt für seine Rotweine, die Bardolinotraube wächst fast am ganzen Ostufer. Man kann hier auch noch die benachbar-

Diese Früchte sind garantiert haltbar!

Gut zu wissen

Ein gutes Tröpfchen

Wer Wein einkaufen will, sollte sich an den Rand der Orte begeben, in Malcesine z.B. zu Carlo Ferrazzo. Er führt auch Marzemino, ebenso Grappa und Sekt. Ein anderes preiswertes Beispiel ist die Cantina Cavaliere Avanzi, eine gute Quelle für Chiaretto und Custoza. Enoteca Malcesine, Viale Roma s/n (am Ende der Straße), Tel. 045-740 10 46. Cavaliere Avanzi, Manerba, Via Risorgimento 32 (am Rand Richtung Moniga), Tel. 030-420 59.

ten Rotweine der Valpolicella und den weißen Soave mit in die Auswahl nehmen. Im nördlichen Gardaseegebiet, das zum Trentino gehört, wäre als guter Tropfen der rote Marzemino angebracht, den schon Mozart besungen hat.

Die Preise in den einzelnen Geschäften sind sehr unterschiedlich, Vergleiche lohnen sich! In den Zentren der Urlaubsstädte wird anders kalkuliert, man rechnet dort mit unkritischem Publikum, das neben anderen Einkäufen so nebenbei ein paar Flaschen Wein einpackt ohne groß auf den Preis zu achten. Besser ist es, einen speziellen Weinhändler aufzusuchen. Ein besonderer Tipp: In manchen Kellereien gibt es auch gute offene Weine – also große Gebinde, Kanister oder Maxi-Flaschen in den Kofferraum packen. Auf diese Weise erhält man einen süffigen Chiaretto etwa schon für Lit. 3000 den Liter.

Berühmt für seine Qualität und köstlichen Geschmack ist auch das Olivenöl des Gardasees. Man sollte beim Einkauf unbedingt darauf achten, die höchste Qualität zu bekommen, es muss kaltgepresst sein, »extra vergine« soll auf dem Etikett stehen. Für Kenner ist der Säuregehalt ein wichtiges Indiz für Qualität. Da kann sich Garda-Öl sehen lassen: weniger als 1% Säure. Noch ein Punkt: Junges Olivenöl ist qualitativ hochwertiger als lange gelagertes. Also auf das Verbrauchsdatum schauen, das auf dem Etikett stehen muss. Tipp für den Einkauf: Rund Lit. 15 000 für einen Liter ist ein guter Preis. Tipp für zu Hause: Kühl (nicht im Kühlschrank) und dunkel lagern.

EINGELEGTES

Die Italiener, auch am Gardasee, sind Weltmeister im Einlegen, sei es in Olivenöl (sott'olio) oder in Weinessig (all'agro): Oliven, Zucchini, Auberginen, Tomaten etc. In speziellen Geschäften, aber auch in Metzgereien und in Supermärkten sind diese Produkte zu bekommen.

WURST UND KÄSE

Ganz besonders stolz sind die Gardasee-Metzger auf ihren »Salame nostrano«, auf ihre selbst gemachte Salami. Sie ist aus Schweinefleisch, unterschiedlich gewürzt, häufig unter Verwendung der Wald- und Wiesenkräuter des Umlands wie Thymian, Oregano und Fenchelsamen. Die Salami wird luftgetrocknet, hält sich also recht lange zu Hause im Keller. Auch der Käse aus den Bergen des Gardasee-Umlands ist ein guter Einkaufstipp, sei es für die eigene Vorratskammer oder als Geschenk für liebe Freunde, die zum Kreis der Feinschmecker gehören. Wer bei einem Ausflug in die Hügel und Berge die mit Kräutern und Blumen übersäten Wiesen sieht, auf denen die mit Glocken »bewaffneten« Kühe fressen, wird sich nicht mehr über den würzigen Geschmack des Käses wundern. Zu den begehrtesten Käsesorten gehören die »Formagelle di Tremosine«, ein Produkt der Hochebenen auf der Westseite des Sees. Wurst und Käse sind in jedem Supermarkt zu finden, in speziellen Feinkostgeschäften bzw. Metzgereien und natürlich auch auf den Märkten. Die Preise sind recht unterschiedlich. Als Anhaltspunkt: ein Kilo gute Salami kostet etwa Lit. 18 000 bis Lit. 28 000, ein Kilo Kuhkäse guter Qualität Lit. 12 000 bis Lit. 15 000. Auch italienische Pasta ist ein begehrtes Mitbringsel, vor allem die bunten, in Gläsern verpackten Nudeln in unterschiedlichen Formen.

Gut zu wissen

Festkalender

Vor allem im Sommer hört man von überall Musik. Rund um den See erklingen klassische und volkstümliche Weisen, gelegentlich Programmteil eines Volksfests, das zu Ehren eines Heiligen oder eines landwirtschaftlichen Produkts veranstaltet wird. Spät in der Nacht folgen dann die Detonationen und man sieht am nächtlichen Himmel den Schein bunter Feuerwerke. Wo und wann die vielen Feste rund um das Urlaubsdomizil stattfinden, erfährt man bei den Touristeninformationen (APT oder Pro Loco). Die kirchlichen Feiern sind vergleichsweise dünn gesät, bei den offiziellen Auskunftsstellen auch selten bekannt. Wer sich dafür interessiert, sollte in den Dörfern und Städtchen rund um den Urlaubsort die Plakatwände und die Anschläge an den Kirchenportalen absuchen, dort sind immer wieder Kirchweihfeste (Sagra) und andere Dorffeiern angeschlagen.

JANUAR/FEBRUAR: ETWAS FÜR VERLIEBTE

Die meisten Feste am Gardasee und in seinem Hinterland haben einen handfesten Hintergrund: Essen und Trinken.

Tortellini-Fest für 4000 Gäste: Nodo d'Amore in Borghetto

Gut zu wissen

Das beginnt schon Ende Januar mit dem Olivenfest in Torri del Benaco und zieht sich durch das ganze Jahr. Wo eine Kirche des heiligen Valentino steht, wird bestimmt am 14. Februar für alle Verliebten eine Messe gelesen (Valentinstag). In Sasso oberhalb von Gargnano wird der Tag mit einer gemeinsamen Wanderung zur Valentinskapelle in den Bergen des Brescianer Naturschutzparks gefeiert (siehe S. 92).

MÄRZ:
KARFREITAGSPROZESSIONEN UND PASSIONSSPIELE

Karfreitag ist in Italien ein normaler Werktag, in den meisten Orten wird nur die Messe gelesen. Casteletto, Ortsteil von Brenzone, macht eine Ausnahme: Hier finden Prozessionen und Passionsspiele statt. Die verkleideten Statisten gehen nachts, von Einheimischen und Gästen begleitet, im Schein von Fackeln die »Via Crucis« hinauf bis nach Biaza (Informationen über Tel. 045-658 95 07).

APRIL/MAI: MUSIK UND WEIN

Musikfreunde kommen zu allen Jahreszeiten rund um den Gardasee voll auf

Sardinen und Wein gratis

Anfang Juni veranstaltet die Fischerzunft von Malcesine ihre »Festa del Pesce«. 110 Kilogramm Sardinen für 550 Besucher werden gefangen, gegrillt und zusammen mit Zitrone sowie Wein kostenlos verteilt. Jeder Gast bekommt zwei Sardinen mit allem, also auch mit Milch und Rogen, für Feinschmecker eine besondere Köstlichkeit. Nebenbei werden die Preise für Teilnehmer des vorangegangenen Angler-Wettbewerbs verteilt.

ihre Kosten, schon im April beispielsweise in Arco, wo seit fast drei Jahrzehnten Osterkonzerte gegeben werden. Musik auch im Osten, von Mai bis September spielen jeden Mittwoch die Philharmoniker von Bardelino auf der Piazza Matteotti. Häufig und vor allem sehr begehrt bei Einheimischen und Gästen sind selbstverständlich die Weinfeste. Um den 20. Mai herum feiert Bardolino drei Tage lang seine »Festa del Chiaretto Bardolino«, die Weinproben mit dem köstlichen Rosé sind umrahmt von Konzerten (von Bach bis Rockabilly), Theater, Ausstellungen und Tanz.

JUNI:
PASTA, SAN ANTONIO UND SPORTLICHE WETTKÄMPFE

Zu Ehren einer speziellen Art Tortellini, den Liebesknoten (Nodi d'Amore), wird am dritten Samstag im Juni in Borghetto unterhalb von Valéggio sul Mincio in Pasta geschwelgt, 1200 Meter Tisch stehen dann auf der Visconti-Brücke für fast 4000 Gäste (siehe S. 11, Legende des Liebesknotens).

Mitte Juni ist der Tag des hl. Antonio di Padova, ihm geweihte Kirchen sollten rechtzeitig aufgesucht werden, denn niemand außer dem Pfarrer und dem Messner kennt die genauen Termine.

In Gargnano wird die Figur des Heiligen auf einer kleinen Bootsprozession zum Nebenort Vila gefahren, wo dann eine Messe gelesen wird. Auch Voiandes, Teilort der Gemeinde Tremosine, ehrt Sant' Antonio an seinem Tag.

Im sportlichen Bereich gilt der Bisse-Wettbewerb als lokale Besonderheit, ein Ruderwettkampf, bei dem es um die See-Meisterschaft (Garda Bandiera del Lago) geht. Jeweils vier Männer rudern stehend ein schmales, langes Boot. Zwischen Juni und September finden die Wettkämpfe in den verschiedenen Orten rund um den See statt, jeweils am Samstagabend. Am besten achten Sie einfach auf die Plakataushänge in den einzelnen Orten.

Gut zu wissen

Musik gleich welcher Art gehört zu jedem Fest

JULI: HEILIGE UND VIEL MUSIK

Im Juli sollte man sich in Brenzone und Bardolino umhören. Am 11. wird in Brenzone die »Festa dei 11 de luj« veranstaltet: Im Ortsteil Castello ab Pfarrkirche Santa Maria di Castello gibt es eine Prozession zu Ehren der Heiligen Jungfrau. Um den 20. herum wird in Bardolino, Ortsteil Calmasino, die hl. Anna mehrere Tage mit einem Volksfest gefeiert. Schon seit drei Jahrzehnten findet im Juli in Riva das Festival di Musica statt, eine internationale Begegnung junger Musiker. Limone glänzt mit Klassik, Operetten, Chören und Rockmusik.

Im Süden des Gardasees genießt der »Estate Musicale del Garda«, das Programm der Sommerkonzerte, einen hervorragenden Ruf, philharmonische Konzerte und Jazzabende wechseln sich ab mit Vorstellungen beispielsweise der Sopranistin Cecilia Gascia (Solistin der Scala) oder des Chansonniers Paolo Conte. Die Vorführungen finden abwechselnd in Salò, Desenzano, Gardone Riviera und Toscolano Maderno statt.

Von Juli bis September tritt in Garda jeden Dienstag um 21.30 Uhr auf der Piazzetta della Libertà der traditionelle Garda-Chor La Rocca auf.

Gut zu wissen

AUGUST: MITTELALTER UND MÄRCHENNACHT

Das von Künstlern im Sommer bewohnte Dörfchen Canale di Tenno feiert im August den »Rustico Medioeva« mit Aufführungen mittelalterlicher Tänze. Ebenfalls im August gibt es in Riva die »Notte di Fabia«, die Märchennacht mit Bootscorso und Feuerwerk. Und in der Valténesi startet der »Palio delle Botti« ein Wettlauf auf Fässern (Tel. 0365-625 41). Anfang August gibt es in Bardolino ein großes Beat-Konzert. Ein Reigen von Konzerten auch in Garda, häufig mit den Concerti bandistici, der Stadtkapelle. Karten bekommt man in den meisten Fällen bei den Fremdenverkehrsämtern, wenn nicht, erfährt man dort die Verkaufsstellen. Mitte August hat San Rocco seinen Tag, bei Messen und Volksfesten werden die Orte Pastrengo, Bussolengo und Brenzone (Ortsteil Marniga) für Andacht und mit Musik, Spielen sowie gastronomischen Ständen für Stimmung sorgen. In Desenzano gibt es außerdem Mitte August die »Notte di incanto«, eine Nacht mit Musik, Gesang, speziellen Leckereien und Feuerwerk.

SEPTEMBER: CENTOMIGLIA UND KÜRBISFEST

Sportliche Ereignisse wechseln sich ständig ab, seien es Rennen mit dem Zweirad, Laufwettbewerbe, Anfang September die Weltmeisterschaft für Freeclimber oder natürlich die vielen Regatten auf dem See. Höhepunkt ist am ersten Samstag im September die Centomiglia, die 100-Meilen-Segelregatta kreuz und quer über den See; Start und Ziel ist Bogliaco di Gargnano. In Pastrengo bei Lazise findet Anfang September das Kürbisfest (Festa della Zucca) statt, in der ersten Dekade des Monats in Cisano di Bardolino das Vogelfest (Sagra dei Osei) mit Vogelstimmenimitatoren. Etwa in der ersten Septemberdekade wird südlich von Peschiera, in Custoza, seit fast drei Jahrzehnten die »Festa del Vino Bianco di Custoza« in Szene gesetzt.

Fast den ganzen September herrscht in Cavaion, östlich von Bardolino, Volksfeststimmung: Die Sagra di San Gaetano, eine Kirchweih mit Wein und Spezialitäten aus der Küche, endet mit einem großen Feuerwerk.

OKTOBER/NOVEMBER: UND NOCH MEHR WEIN

Anfang Oktober legt der Weinort Bardolino noch einmal nach mit dem Trauben- und Weinfest »Classico Bardolino D.O.C.« und um den 10. Oktober herum findet in Caprino (westlich von Torri) das Fest der Bergprodukte mit Ausstellung und Markt statt. Am 3. Sonntag im Oktober gibt es dann in Gargnano vom Santuario neben der Pfarrkirche San Pier d'Agrino eine Prozession für das wundertätige Kruzifix, das »Miracoloso Crocefisso dei Bogliaco« (siehe S. 84). Anfang November wärmen sich die Weinfreunde noch einmal in Bardolino bei einem Fest auf, beim »Bardolino Novello D.O.C.«, dem jungen Wein gewidmet. Die kältere Zeit gehört aber auch den Kastanien, ein Fest zu Ehren der Maronen gibt es am zweiten Novembersonntag in San Zeno di Montagna. Der hl. Martin hat Mitte November seinen Tag und wird z.B. in Caprino, Ortsteil San Martino, geehrt, nach dem 20. November findet in Brenzone, Ortsteil Castelletto, die »Fiera Santa Caterina« mit großem Viehmarkt statt.

DEZEMBER: VOLKSFEST UND KRIPPENSCHAU

Anfang Dezember in Caprino und in Costermano, Ortsteil Marciaga, hat man sich die »Festa dei Biscotti« (Plätzchen, Backwerk) einfallen lassen. Während der Weihnachtszeit – von Mitte Dezember bis Januar – erfreuen in Bardolino und Valleggio sul Mincio große Krippenschauen Jung und Alt. Der Abschluss des Jahres gehört den Feuerwerkern, bekannt ist das große Silvester-Feuerwerk in Garda.

Gut zu wissen

Flora & Fauna

Dort, wo der Boden landwirtschaftlich genutzt werden kann, überwiegen rund um den Gardasee silbern schimmernde Olivenhaine und sattgrüne Weingärten. Das war schon zur Zeit der Römer so und ist bis heute so geblieben. An der Westküste, vor allem zwischen Gargnano und Limone, fallen außerdem die Zitrusfrüchte, vor allem Zitronen auf, die meistens in speziellen Gewächshäusern, den Limonaie gedeihen (siehe Kasten S. 42).

LORBEER UND MAULBEEREN

Auf derselben Vegetationsstufe wie Oliven und Reben, dort wo die Wälder beginnen, stehen viele Steineichen und Lorbeer, der ebenfalls Baumhöhe erreichen kann. Dazwischen findet man einzelne Feigenbäume und die bei uns weniger bekannten Maulbeerbäume, deren weiße oder schwarze Beeren im Juli reifen, ein Genuss ohne Reue. Nicht ganz allerdings: Die schwarzen Maulbeeren verursachen, wenn sie richtig reif und saftig sind, unauslöschliche Flecken auf Hemd oder Bluse.

HOPFENBUCHE UND KASTANIEN

Gleich nach der Oliven- und Rebengrenze häufen sich die Hopfenbuchen, so genannt, weil ihr Fruchtstand ausgereift einem Hopfenzapfen ähnelt. Dazwischen stehen einzelne Exemplare der Manna-Esche, zwischen April und Juni erkennbar an ihren duftenden, aufrecht stehenden Blütenrispen. Der Baum hat nichts mit dem biblischen Manna zu tun, gemeint ist der aus der Rinde quellende süße Saft, der früher eingetrocknet als Abführmittel verwendet wurde.

Etwas weiter oben gedeiht die Hainbuche in Gemeinschaft mit der Esskastanie, die im Sommer durch ihre hochstehenden, bis 20 Zentimeter langen, gelblich-lilafarbenen Blütenbüschel auffällt. Bis zum Herbst setzt der Fruchtbecher rundum

Ein wahres Kunstwerk der Natur: das Purpur-Knabenkraut

Stacheln an; bricht der Becher auf, quellen ein bis drei dunkelbraune Früchte heraus, die wir geröstet als Maronen kennen.

BUNT DURCH MENSCHENHAND

Am Rande des Sees hat der Mensch etwas nachgeholfen, die Landschaft farbig zu gestalten. Straßen und Städte sind geschmückt mit Oleanderbüschen und -bäumen. Aus der Wildpflanze mit rosaroten oder weißen Blüten wurden Alleen mit dunkelroten und lachsfarbenen Blütenbüscheln, einige sogar gefüllt. Vorsicht, die Schönheit ist gefährlich, der Milchsaft stark giftig, wird in der Medizin als Herzmittel verwendet. Zwischen den Oleanderbüschen blüht der in der Mittelmeer-Küche beliebte, stark aromatisch duftende Rosmarin, nicken die blauen, ährenartigen Blütenstände des Echten Lavendels,

Gut zu wissen

dessen ätherisches Öl Grundstoff für Parfüm ist. Wie Wächter über die Pracht stehen Zypressen dazwischen, und die weiß-rosa-violetten Wuschelköpfe, die den Reigen unterbrechen, das sind die Blütenstiele des Perückenstrauchs.

PRACHT DER ORCHIDEEN

Die wahre Blütenpracht der Gardasee-Region, eine unvergleichliche Mischung aus Alpen- und Mittelmeerflora, wird nur gewahr, wer zu den Dörfern wandert, auf die Moränenhügel oder in die Naturschutzgebiete. Hier sind noch Wiesen zu finden, die aus einer Märchenwelt zu kommen scheinen. Auffallend viele Orchideen schmücken Hänge und Ränder der Macchia, im unteren bis mittleren Bereich sind es vorwiegend Kugelorchis, Schmetterlings-Knabenkraut und das Italienische Knabenkraut. Im oberen Bereich, beispielsweise im Baldo-Gebiet, fällt zuerst das Holunderknabenkraut auf: entweder gelb mit roten Punkten oder rot mit gelben Punkten. Einen höheren, schlanken Blütenstand zeichnet die Langspornige Handwurz aus, sie hat rötliche Blüten mit einem langen, fadenförmigen Sporn. In ihrer Nähe wächst das dunkelrote, nach Vanille riechende Kohlröschen, auch Schwarzes Männertreu genannt. Sollte es bei der Bestimmung Streit geben, dass die einen auf Kohlröschen, die anderen auf Handwurz tippen, kein Problem: Beides stimmt, denn beide Orchideen bilden miteinander Hybriden (lat. hybrida = Mischling), die Charaktermerkmale liegen dann zwischen beiden Blumen.

DIE ZWEITE GEBURT

Die Bauern rund um den Gardasee halten wenig von künstlicher Düngung. Entsprechend bunt sind die Wiesen, entsprechend würzig das Gras, das Kühe, Ziegen und Schafe als Futter bekommen. Eine wundervolle Entdeckung kann man im Juni nach der Heuernte machen: Bereits nach zwei, drei Wochen haben die vorher kahlen Wiesen schon wieder eine satte Decke und es kommen die im Frühjahr blühenden Blumen zum zweiten Mal auf die Welt. Darunter in besonders starker Gemeinschaft das Rote Waldvögelein, das gelegentlich mit dem Knabenkraut verwechselt wird. Um das rötlich bis lilafarbene Blümchen tanzen die Baldo-Witwenblume mit ihrem rosaroten Wollknopf, der blaue, schlanke Wiesensalbei, außerdem die Knäuelblütige oder auch Büschel-Glockenblume genannte blaue Blütenversammlung auf hohem Stängel, die in kleinen Körbchen angeordneten rosaroten Dolden der Schafgarbe, das rosarote Leimkraut, volkstümlich wegen des kugelig aufgeblasenen Kelchs auch Taubenkropf genannt, und viele andere.

DIE ALPENFLORA

Ähnlich vielfältig ist die Pracht auf den Bergwiesen der höheren Regionen, wo zwischen den Bergföhren besonders viele Alpenblumen zu Hause sind, wie zum Beispiel die Rostblättrige Alpenrose, die Glöckchen der Schneeheide, auch als Eri-

Allerlei Getier in den Bergen

Die Fauna in den Bergen rund um den Gardasee ist wieder vielfältig geworden. Beim Schalenwild sind Rehbock und Hirsch vertreten, auch Steinbock und Gemse werden gesichtet. Das Murmeltier pfeift vor seiner Höhle. Hasen hoppeln herum, Eichhörnchen schwingen sich von Ast zu Ast. Siebenschläfer und Haselmaus sind vertreten; Wiesel, Stein- und Baummarder durch das Gehölz. Am Rand der Dörfer tritt der Fuchs auf der Suche nach Beute auf, und weiter oben in den Bergen ist der Wolf wieder heimisch geworden. Wanderer entdecken ihn allerdings nur selten. Aber er vermehrt sich, reißt gelegentlich ein Lamm, weshalb die Bauern Giftfallen vergraben, um die Population in Grenzen zu halten.

Gut zu wissen

ka bekannt, die violette Doldenrispe des Alpendosts, die gelbe, als Heilpflanze bekannte Arnika, die weißen Dolden des Berglaserkrauts, ihm ähnlich, aber mit flacher Dolde der seltene Séguiers Liebstock, um nur einige zu nennen.

FRISCHE FISCHE

Betrachtet man die Tierwelt, gehört zum Gardasee selbstverständlich zuerst ein Blick ins Wasser, wo sich rund 40 Fischarten tummeln. Alle sprechen von der Gardasee-Forelle, die allerdings recht selten – weil schwer zu fangen – ist, erkennbar an ihrem rosaroten Fleisch. Neben ihr gibt es im See noch normale Forellen, Renken, sogar Sardinen, wohl ein Überbleibsel aus dem Tertiär, als das Meer noch bis nach Oberitalien reichte. Der Räuber im Wasser, der Hecht, jagt gerne Schleie und vor allem Weißfische, die zu bestimmten Fangzeiten ganz jung gefangen und auf Festen in Öl frittiert mit Kopf und Schwanz gegessen werden dürfen. Zu den wichtigsten, für die Küche geangelten Fische gehören noch Aal, Karpfen und Barsch.

EIDECHSEN UND SKORPIONE

Vom Wasser auf das Land. Was dem Urlauber hier häufig begegnet, vor allem auf dem Land, sind Eidechsen, die auf der Suche nach Insekten sogar senkrechte Mauern überwinden. Den Italienischen Skorpion allerdings lassen sie in Ruhe. Der gelbe bis tiefschwarze Geselle löst bei Mitteleuropäern Horrorvisionen aus. Es ist jedoch erwiesen, dass die Euscorpi-

Den Skorpion lassen sogar die neugierigen Eidechsen in Ruhe

us-Arten ungefährlich, jedenfalls nicht tödlich sind. Nur wenn sie unvermutet berührt werden, stechen sie, was etwa einem Wespenstich gleichkommt. Eventuelle Erscheinungen wie Übelkeit oder Erbrechen gehen schnell zurück, gegen den Schmerz hilft eine Procain-Injektion an der Stichstelle oder Zähnezusammenbeißen.

GUCK-IN-DIE-LUFT

Machen wir noch einen Blick in die Luft, wo sich neben den vielen Vögeln Schmetterlinge, Widderchen und Falter tummeln, aber auch kräftige Brummer wie Blatt-, Rüssel- und Hirschkäfer. Unter den Vögeln begegnen wir vielen Bekannten, frechen Feldspatzen, bunten Buchfinken, Mauerseglern, die je nach Flughöhe das Wetter für den nächsten Tag anzeigen, Bachstelzen, die erst kurz vor dem Auto die Straße verlassen, und dem schlanken, auf Telefonleitungen wippenden Hausrotschwanz. Wer abseits der Städte guckt, kann im Gebüsch die Dorngrasmücke entdecken, sicher auch die Heckenbraunelle. Weiter oben, mehr bergwärts, tiriliert die Feldlerche, fliegen Wasserpieper und Felsenschwalbe durch die Lüfte, ziehen Turmfalke und Mäusebussard mit scharfen Jagdaugen ihre Kreise. Um den ebenfalls heimischen Steinadler zu entdecken, muss man allerdings viel Glück haben.

Eidechsen begegnen dem Urlauber häufig und sind völlig harmlos

Gut zu wissen

Urlaubsfotos kinderleicht

Im Urlaub sieht alles anders aus: Häuser und Straßen, das Essen, der Blick aus dem Fenster, die Menschen und die Kühe auf der Weide. Und das Tollste: Kinder und ihre Eltern haben jede Menge Zeit, diese so ganz andere Welt auf Fotos festzuhalten. Damit Ihre Urlaubsfotos gelingen, gibt Olympus Ihnen hier ein paar wertvolle Tipps.

KINDERLEICHT FOTOGRAFIEREN

Einfache, robuste und zum Teil sogar wasserfeste Automatik-Kameras machen Fotografieren heute kinderleicht. Beachtet werden muss lediglich der Ausschnitt, sonst passiert es schon mal, dass auf dem Foto – schwuppdiwupp – plötzlich der Kopf »abgeschnitten« ist.

AUF DEN BLICKWINKEL KOMMT ES AN

Achten Sie doch mal auf die Perspektive. Die meisten Fotos entstehen immer aus demselben Blickwinkel: Der Fotograf steht da, hält die Kamera möglichst waagerecht und drückt ab. Manchmal kann es aber sehr reizvoll sein, Dinge von weit oben oder unten aufzunehmen. Zum Beispiel den kleinen Bruder auf dem Skateboard – von unten betrachtet, wirkt er plötzlich ganz schön groß.

Ganz schön aufregend: Wählen Sie doch mal eine andere Perspektive

Nicht ganz einfach zu fotografieren: Motive an Strand oder Pool

SCHWIERIGES LICHT

Wer eine verschneite Winterlandschaft bei Sonne oder den Badestrand am Mittag fotografieren möchte, kann nicht einfach den Auslöser drücken. Der integrierte Belichtungsmesser ist mit den extremen Lichtverhältnissen überfordert. Kleine und große Fotografen sollten hier mit der Gegenlichtkorrekturtaste fotografieren, die bei vielen Kameras eingebaut ist. Eine andere Möglichkeit ist, das Motiv mit Spotmessung richtig zu belichten. Wie die genau funktioniert, variiert von Kamera zu Kamera. Die Bedienungsanleitung hilft weiter.

VORSICHT BEIM BLITZEN

Automatikkameras sind heute kinderleicht zu bedienen. Dank Blitz und automatischer Belichtung sind Fotos selten zu dunkel. Doch der Blitz hat seine Tücken. Er wird von Glasscheiben reflektiert oder wirft hässliche Schatten an die Wand. Darum aufgepasst: Möglichst keine Menschen direkt vor Spiegel, Fenster oder einer weißen Wand knipsen. Übrigens: Die merkwürdigen roten Augen auf Fotos verschwinden, wenn man die Vorblitzfunktion einstellt. Dann blitzt die Kamera einmal oder mehrmals vor dem Auslösen, und die Augen des Fotografierten stellen sich auf die Helligkeit ein.

Gut zu wissen

ZU SCHADE FÜR DEN SCHUHKARTON

Und dann ist der Urlaub zu Ende, alle schauen sich die entwickelten Fotos an und irgendwann landen sie im Schuhkarton. Das muss nicht sein, denn es lassen sich tolle Sachen aus ihnen basteln. Wie wär's denn zum Beispiel mit einem Urlaubs-Foto-Tagebuch? Bereits während der Reise schreiben Eltern und Kinder ihre tollsten Erlebnisse auf: Wie der Hund vom Nachbarn hieß oder wie lange die Familie im Wald herumirrte. Zu Hause werden die passenden Fotos ins Tagebuch geklebt (vorher Platz einplanen!). Auch die Eintrittskarten von Zoo oder Museum können eingeklebt werden. Mit diesem Tagebuch erinnern sich alle auch Jahre später daran, wie Papa in den Fluss fiel.

Auch wenn direkt nach den Sommerferien noch keiner daran denkt: Aus Urlaubsfotos lassen sich ganz prima Weihnachtsgeschenke basteln. Da bekommt die Oma ein Poster mit dem Bild des Enkels am Strand. Oder für die kleine Schwester wird ein Memory gebastelt: Dafür von den schönsten Fotos zwei Abzüge machen lassen, Ausschnitte auf kleine Pappquadrate kleben, und fertig ist das Geschenk. Die Großeltern freuen sich gewiss über einen Kalender mit den lustigsten Urlaubsszenen. Und für die Freundin lässt man sein Lieblingsbild auf ein T-Shirt drucken.

Noch mehr Fragen rund ums Fotografieren? Das Olympus-Buch zeigt unterschiedliche Kameras und gibt kleinen Fotofreunden zahlreiche Tipps für die Praxis. »Ich lerne fotografieren«, herausgegeben von Olympus, COMPANIONS Verlag, 96 Seiten, 120 Fotos, vierfarbig, DM 14,80

Digitale Fotografie

Auch Amateure entdecken zunehmend die Vorteile digitaler Fotografie. Umständliches Einlegen von Filmen ist hier passé. Denn der digitale Fotoapparat speichert alle Daten auf einem Chip, der Smart Media Karte. Zu handhaben ist die digitale Kamera wie jede andere auch: Sie schauen durch einen Sucher und drücken den Auslöser. Der große Vorteil: Sofort nach dem Auslösen können Sie auf dem LCD-Monitor einen Blick auf Ihr »Foto« werfen, es – falls es missglückt sein sollte – per Tastendruck löschen und das Motiv ein zweites Mal ablichten. Außerdem praktisch: Besitzer der Hightech-Kamera sparen sich zudem den Weg zum Fotoladen. Die Daten aus der Kamera werden direkt in den Computer eingespeist, wo Sie sich die Bilder nicht nur auf dem Monitor anschauen, sondern auch bequem archivieren, nachbessern oder nach Belieben verfremden können. Und zum Vorzeigen können Sie selbstverständlich jedes Bild auch ausdrucken. Schon gewusst: Digitale Kameras sind bereits ab DM 700 zu haben.

Für gestochen scharfe Digi-Bilder: die Olympus CAMEDIA C-21

Gut zu wissen

Geschichte

Erdgeschichtlich gesehen ist der Gardasee ein junges Kind. Vor 500 000 Jahren beginnen sich die Schluchten und Falten südlich der Alpen mit Eis zu füllen. Nach mehreren Eiszeiten ist dann vor 12 000 Jahren endlich Schluss mit der Herrschaft der florafeindlichen Temperaturen. Die von Eis und Gestein gefrästen Tiefen füllen sich mit Schmelzwasser, gestaut von den auf dem Rücken der Gletscher abgelagerten Steinmassen, den Moränenhügeln. Erst als das Becken hoch genug angefüllt ist, findet das Wasser beim heutigen Peschiera eine Lücke zwischen zwei Hügeln und beendet somit die Suche nach dem endgültigen Umfang des Gardasees. 158 Kilometer Ufersaum waren geschaffen.

PFAHLHAUSBAUER AM SEE

Vor etwa 6000 Jahren leben in der Nachbarschaft des Gardasees bereits Menschen, wie Felszeichnungen beweisen. Mindestens vor 4500 Jahren siedeln Pfahlhausbauer an den Ufern des Garda- und des Ledro-Sees. Das Land jenseits der Alpen sich anzueignen, Städte zu bauen und Land zu bestellen, schaffen aber zuerst die Kelten (400 v. Chr.), doch – geschichtlich gesehen – dauert ihr Wirken nur kurz, schon 222 v. Chr. werden sie von den Römern verdrängt. Rom gründet die Provinz Gallia cisalpina, Mediolanum (Mailand) wird Hauptstadt.

OSTGOTENBURG BEI GARDA

Nach der Zeitenwende bleibt es still in der bäuerlichen Region, mit Oliven- und Weinanbau leben die Gardesianer bescheiden. Im 4. Jahrhundert wird auch die Region um den Gardasee christlich, doch im 5. und 6. Jahrhundert beginnt mit der Völkerwanderung eine unruhige Zeit. Das römische Weltreich bricht zusammen, der Ostgotenkönig Theoderich besetzt das römische Reich (493), baut beim heutigen Garda eine Burg.

LANGOBARDENBURG IN MALCESINE

Im Jahr 568 erobern die Langobarden große Teile Italiens, bauen die Burg von Malcesine. König Desiderius gründet dort das Kloster San Salvatore. An ihren Grenzen wehren sich die Langobarden gegen die ganz Mitteleuropa bedrohenden asiatischen Reiterscharen. Doch ein anderer Feind wird ihnen zum Verhängnis: Als Arianer – sie betrachten Jesus nur als gottähnlich, nicht als gottgleich – lehnen sie das nach weltlicher Macht strebende, von Gott zur Führung der Christenheit auserkorene Papsttum ab, anerkennen den Papst lediglich als Bischof von Rom.

DER PAPST RUFT DIE FRANKEN

754 reist Papst Stephan II. nach Norden und bittet den Frankenkönig Pippin um Hilfe gegen die angeblich die Kirche bekriegenden Langobarden. Die Franken

---

Die verstoßene Prinzessin

Papst Hadrian I. rief Karl den Großen, den Frankenkönig, die Langobarden zu besiegen. Als Lohn winkte ihm die römische Königskrone. Doch Karl war mit der langobardischen Prinzessin Desiderata verheiratet. Sie war die Tochter von Ansa, einer adeligen Brescianerin, und Desiderius, dem letzten König des langobardischen Reiches. Beide gründeten im Jahr 753 in Brescia das Kloster San Salvatore. Um dem Papst seine Bündnistreue zu beweisen, verstieß König Karl die Prinzessin, die sich in das von ihren Eltern gegründete Kloster zurückzog und dort starb.

Gut zu wissen

Vermächtnis bedeutender Herrscher: die Skaligerburg von Malcesine

überfallen den Germanenstamm. Nun wehren sich die Langobarden gegen den neu entstandenen Kirchenstaat, was Papst Hadrian I. veranlasst, erneut nach den Franken zu rufen. 773/774 marschiert Karl der Große auf, erobert das Reich der Langobarden. Im Jahr 800 wird er in Rom vom Papst zum Kaiser gekrönt. Damit beginnt für Oberitalien eine schlimme Zeit, denn die Franken zeigen kein Interesse, sich in diesem Gebiet festzusetzen, übergeben lediglich fränkischen Adligen die langobardischen Herzogtümer. Doch die neuen Herren können sich nicht gegen die romanisch-langobardische Bevölkerung durchsetzen, der langobardische Adel erstarkt und es kommt zu vielen Kleinkriegen. 887 wird der letzte Karolinger, Karl III., der Dicke, abgesetzt, hundert Jahre Anarchie zerstören das Land. Diese schwache Zeit nutzen ungarische Reiter, die brennend und mordend durch das Land ziehen, an den Küsten rauben sarazenische Piraten die Städte aus.

DER GARDASEE WIRD BAYERISCH

Wo eine Macht erstarkt, das Land befrieden könnte, wird diese wieder von den Päpsten bekämpft. So auch Berengar von Ivrea, der sich erfolgreich gegen die Überfälle der Ungarn und der Sarazenen wehrt, folglich den Titel eines italienischen Königs fordert. 951 ruft Papst Johannes XII. die Deutschen gegen Berengar zu Hilfe. Otto I. besiegt Berengar, die Mark Verona mit dem Gardasee werden Bayern angegliedert, die Macht der deutschen Könige in Italien erstarkt. Die weltliche Macht in den Städten wird den jeweiligen Bischöfen übertragen. Über die Einsetzung der Bischöfe kommt es zum Konflikt zwischen Kaiser und Papst, der sich Mitte des 13. Jahrhunderts durchsetzt. Allmählich schwindet aber die Macht der vom Papst eingesetzten Bischöfe, da sie über kein eigenes waffenstarrendes Heer verfügen.

5000 Jahre alte Nekropole

Bei Grabungen an der Rocca von Manerba entdeckte man den Unterschlupf »Riparo valtenesi«, wo um 4500 v. Chr. Jäger und Fischer Steinwerkzeuge und Keramik anfertigten. Aus dem 3. Jt. v. Chr. stammt eine Nekropole mit sechs Gemeinschaftssärgen aus Eichenholz. Zu besichtigen im Museo Archeologico della Valtenesi in Manerba, Ortsteil Montinelle. Geöffnet: Sa 14-16, So 10-12 Uhr, zu anderen Zeiten Tel. 0365-55 10 07 anrufen.

Gut zu wissen

Olivenernte im Mittelalter

DIE SKALIGER KOMMEN

Dies ist die Geburt der Stadtrepubliken, aber auch der Herrschaft einzelner Familien, die Zeit der Signorien, der Skaliger beispielsweise, die von Verona aus auch über große Teile des Gardasees Macht ausüben. 1387 müssen sie den Visconti aus Mailand weichen, die den Gardasee und Verona erobern. 1405 zeigt der venezianische Löwe seine Krallen. Venedig hat es satt, seine Handelswege über die Alpen immer von anderen Mächten kontrolliert zu sehen. Stadt um Stadt wird besiegt, auf dem Gardasee liefern sie den Mailändern zwei Seeschlachten. 1454 schließen beide Mächte Frieden, der Osten Italiens mit dem Gardasee wird venezianisch. Ab 1535 kommt neue Unruhe ins Land, die spanischen Habsburger besetzen die Republik Mailand, die nach dem Erbfolgekrieg (1701-1714) in die Hände der österreichischen Habsburger übergeht.

AUF DEM WEG ZUM STAAT

Diese Ordnung bleibt bis 1796 bestehen, dann löst Napoleon die Republik Venedig auf, befreit das Herzogtum Mailand von den Habsburgern. Die Geschichte schlägt danach Purzelbäume: 1802 Ausrufung der italienischen Republik, Napoleon erst als Präsident und dann 1805 als König von Italien. 1814 Sturz Napoleons, Wiederherstellung der monarchischen Herrschaft (Wiener Kongress), Südtirol-Trentino und die Lombardei kommen wieder zu Österreich. 1821-61 wachsende Nationalbewegung zur Einigung Italiens (Il Risorgimento). 1858-59 Kriegsbündnis mit Frankreich, die große Schlacht von Solferino, Österreich muss die Lombardei an Italien abtreten. 1861 hat Garibaldi fast ganz Italien befreit, Vittorio Emanuele I. wird König, 1866 muss Österreich auch das Veneto abtreten. 1918/19 Ende des Ersten Weltkriegs, Zerschlagung der Macht der Habsburger, das Trentino kommt zusammen mit Südtirol zum italienischen Staat.

BENITO MUSSOLINI

1922 ergreift der Faschist Benito Mussolini die Macht, im Zweiten Weltkrieg bricht der mit Hitler-Deutschland verbündete Faschistenstaat 1943 zusammen, Mussolini wird befreit und am Gardasee als Marionette der Deutschen wieder eingesetzt. 1946 wird in Italien die Monarchie abgeschafft. 1970 wird Italien in 20 Regionen eingeteilt, der Gardasee gehört seitdem im Osten zu Venetien, im Westen zur Lombardei, im Norden zum Trentino – seit 1977 mit weitgehender Autonomie.

Gut zu wissen

Sport

ANGELN

Über die Bedingungen zum Erwerb eines Angelscheins informieren die Tourismusbüros oder die Rathäuser (Municipio).
Jede Region hat ihre eigenen Bestimmungen, jedenfalls muss man ein Formular ausfüllen und beim Postamt oder in Tabakläden die »Tassa per la Pesca« bezahlen, die zwischen Lit. 15 000 und Lit. 30 000 liegt.

GOLFEN

Golfspieler haben rund um den Gardasee die Auswahl zwischen sechs Plätzen, alle sind ganzjährig geöffnet:
Golf Club Verona,
Sommacampagna, Ortsteil Ca' del Sale 15 (Ri. Verona), Tel. 045-51 00 60, 18 Löcher, Di geschl.
Golfclub Ca' degli Ulivi,
Marciago di Costermano, Via Ghiandare 2 (oberhalb Garda), Tel. 045-627 90 30, 27 Löcher.
Golf Club Villafranca,
Villafranca, Ortsteil Pozzomoretto (südöstl. Peschiera, südl. Sommacampagna), Tel. 045-630 33 41, 9 Löcher, Mo geschl.
Gardagolf Country Club,
Soiano del Lago, Via A. Omedeo 2 (zwischen Desenzano und Salò),
Tel. 0365-67 47 07, 18 und 9 Löcher, Mo geschl., außer zwischen April und Okt.
Circolo Golf Bogliaco,
Toscolano-Maderno (oberhalb Bogliaco/Gargnano), Via Golf 21,
Tel. 0365-64 30 06, 9 Löcher.
Golf Club Arzaga,
Carzago di Calvagese della Riviera (A4 Ausf. Desenzano, Ri. Padenghe und Bedizzole, vor Bedizzole rechts ab zum Palazzo Arzaga), Tel. 030-68 06 00, 18 Löcher.

MOTORBOOTE/WASSERSKI

Die Gewässer der Provinz Trient sind Surfern und Seglern vorbehalten, Motorboote dürfen hier nicht fahren. Die Grenze liegt etwa 10 km südlich von Riva, man denke sich eine Linie nördlich der Orte Limone und Malcesine. Im übrigen Gebiet des Gardasees ist das Fahren mit Motorboot und Wasserski erlaubt. Einige Sportschulen geben auch Kurse für den Motorbootführerschein (HP Nautic Center, s. Segeln). Man kann Boote chartern, auch solche, die ohne Führerschein gefahren werden dürfen, z.B. bei Boat Charter di Zeni Dario, Bardolino, Lungolago Cipriani s/n, Tel. 045-62 10 19.

MOUNTAINBIKING

Das Hinterland des Gardasees mit seinen Hügel- und Bergketten bietet ideale Bedingungen für Mountainbiker. Gipfelstürmer schätzen die Höhen des Monte Tremalzo mit einer atemberaubenden Abfahrt. Im südlichen Teil des Gardasees sind die Berge des Monte Pizzocolo und Monte Spino sehr beliebt, oberhalb von Gargnano der Monte Denervo und das Valvestino-Tal mit dem Cima Rest. Viele Fremdenverkehrsbüros haben Tourenvorschläge mit Routenplänen vorliegen, z.B.
La Valtenesi, Promozione del Turismo, San Felice del Benaco, Piazza Municipio 1, Tel. 0365-625 41;
APT Desenzano, Via Porto Vecchio 27, Tel. 030-914 15 10;
APT Gardone Riviera, Via Repubblica 37, Tel. 0365-203 47;
APT Limone, Via Comboni 15, Tel. 0365-95 40 70;
APT Sirmione, Viale Marconi 2, Tel. 030-91 61 14;
APT Toscolano Maderno, Via Lungolago Zanardelli 18, Tel. 0365-64 13 30.

Gut zu wissen

Radverleih und geführte Touren bieten rund um den See viele Geschäfte an:
Bike Point,
Torbole, Via Benaco 6,
Tel. 0464-505 364;
Centro Cicli Pederzolli,
Riva, Viale Canella 14, Tel. 0464-55 18 30;
Bici Center Ezio Cardi,
Bardolino, Via Marconi 60,
Tel. 045-721 10 53;
Marco Sagnano,
Torbole, Foce del Sarca, Tel. 0464-50 59 63.
Neu ist die Idee, den Bus einzusetzen (s. aktuelle Broschüre), um für Mountainbiker angenehme Abfahrten zu bieten. Da sie gut ausgeschildert sind, sind sie auch Familien zu empfehlen.
Abfahrten beginnen in San Zeno di Montagna (650 m), in Prada (1000 m) und in Costabella (1910 m).
Auskunft und Karten gibt es in Torri del Benaco (Zeitschriftenstand Bottura, Via Gardesana 102), in Garda (APT-Buslinie, Via Corso Italia 62) und in Bardolino (APT-Buslinie, Piazzale A. Moro s/n). Wer ohne Rad ankommt, kann Räder leihen z.B. beim Mountainbike und Windsurf Center, Torri del Benaco, Ortsteil Punta Caval, Tel. 0347-733 33 85.

PARAGLIDING

Das lautlose Gleiten vom Berg runter an die Ufer des Gardasees ist vom Monte Baldo aus beliebt, weil man ihn mehrmals täglich bequem mit der Seilbahn erreichen kann.
Auskünfte erteilen
Paragliding Club,
Malcesine, Via Navene 23,
Tel. 0360-84 35 18;
Volo Libero AltoGarda
c/o Arcobaleno Fly, Riva,
Via Segantini 28, Tel. 0464-53 10 80;
Ufficio delle Guide Alpine,
Arco, Via Santa Caterina 40,
Tel. 0464-51 98 05.
Auch Tandemfliegen ist möglich für alle von 7 bis 70 Jahren.

REITEN

Der Reitsport hat auch rund um den Gardasee viele Anhänger gefunden und es wurden mehrere Reitschulen gegründet. Adressen bekommt man bei den Fremdenverkehrsämtern. Eine besonders bewährte: **Centro Ippico Rossar**, Marciaga di Costermano (bei Garda), Tel. 045-627 90 20.

SEGELN

Segeln auf dem Gardasee hat eine lange Tradition, kaum ein Ort, der nicht einen anerkannten Segelverein hätte. Segler müssen zuerst die verschiedenen Winde des Sees studieren, die nach einem erstaunlich genauen Stundenplan wehen. Die wichtigsten: der Pelér, ein ständiger Nordwind, der von 2/3 Uhr bis mittags 11/12 Uhr über das Wasser streicht; Óra, ein ständiger Südwind, der nach Abflauen des Pelér von 12/13 Uhr bis Sonnenuntergang weht. Für Kinder von 7-12 Jahren gibt es auch das so genannte Optimisten-Segeln. Achtung, selbstständiges Segeln für Blinde: Unter dem Stichwort »Homerus« hat der Gardasee ein Projekt Segeln für Blinde gestartet. Zu erkennen sind die blinden Segler an ihren zweifarbigen Segeln, oben kastanienbraun, unten weiß.
Ein paar Adressen von empfehlenswerten Segelschulen:
Sailing Center Hotel,
Malcesine, Ortsteil Campagnola,
Tel. 045-740 00 55.
43°Parallelo,
Gargnano, Ortsteil Bogliaco, Via Bettoni 25 a, Tel. 0365-79 00 35 (auch Vermietung von Segelbooten).
Stickl Sportcamp,
Malcesine, Via di Sogno s/n,
Tel. 045-740 16 97 (auch Segelschule für Kinder von 7-12 Jahren).
HP Nautic Center,
Andrea Voigt und Hans Peter Noll, Castelletto (südl. Malcesine), Via Imbarcadero 27, Tel. 045-743 07 07 (auch Segelschule für Kinder von 7-12 Jahren).

Gut zu wissen

Schon ab 7 Jahre können die Kinder am Gardasee Segeln lernen

SPORTKLETTERN/ FREECLIMBING

Die steilen Felsen rund um Arco wurden für Extremkletterer gerichtet und gesichert, Routen in verschiedenen Schwierigkeitsgraden angelegt. Bei Arco findet der leichte, gesicherte Weg auf den Monte Colodri (350 m) großes Interesse, bei Fortgeschrittenen der schwierige, 300 m senkrecht hochragende Rino Pisetta. Auf den Bergen über Riva ist der Klettersteig Ferrata del Centenario (Via dell'Amicizia) interessant, in Nago der Klettergarten Nago an der Straße Richtung Monte Baldo mit rund 100 kurzen Routen verschiedener Schwierigkeitsgrade. Zwischen Torbole und Malcesine, gleich nach dem zweiten Tunnel, klettert man an der Spiaggia delle Lucertole direkt über dem See. Auch die Placche Zebrate in der Nähe des Dorfes Pietra Murata (15 km nördlich Arco Ri. Trient) verfügt über sehr gut gesicherte Klettersteige. Auskünfte beim Bergsteiger-Büro, Arco, Via Segantini 72, Tel. 0464-53 25 66.

TAUCHEN

Die Tiefen des Gardasees bieten nicht nur wundervolle Flora und Fauna, sondern auch historische Schätze wie alte Galeeren aus der Zeit der veneziani-

Gut zu wissen

Risikoloses Baden

Die Sehnsucht nach einem erfrischenden Bad lässt viele Schwimmer leichtsinnig werden, Grundregeln werden vergessen. Hier sind sie: Wer sich müde fühlt oder leicht schwindelig, darf nicht ins Wasser. Immer den Körper langsam abkühlen. Lange schwimmen nur mit Begleitperson, wer weit hinaus will, sollte einen Signalballon mitnehmen. Bei gehisster roter Fahne nie ins Wasser gehen. Nach einer Mahlzeit erst 3 Stunden später ins Wasser gehen.

schen Herrschaft und sogar Kriegsschiffe. Empfehlenswerte Adressen für Tauchschulen, die ein ärztliches Attest verlangen, Mindestalter 14 Jahre:
Scuola Sub Diving Center,
Desenzano, Via Mazzini 43,
Tel. 030-914 44 49;
Gruppo Sommozzatori Fips,
Riva, Porto San Nicolò,
Tel. 0464-55 51 20.

WINDSURFEN

Das Dreieck Riva-Malcesine-Limone gilt als das Surfparadies Europas schlechthin. Aber auch Campione (Ortsteil von Tremosine) und Prà de la Fam (Ortsteil von Tignale) bieten vor allem bei Nordwind gute Bedingungen; auch bis runter nach Torri del Benaco am Ostufer und Gargnano am Westufer bieten Surfschulen Kurse an.
Zu den guten Surf-Bedingungen gehört, dass im oberen Teil des Sees Motorboote verboten sind, auch die schnellen Tragflügelboote setzen neuerdings in diesem Teilstück ihre Geschwindigkeit herunter.
Ein paar anerkannte Adressen aus der großen Auswahl, viele bieten auch Spezialkurse für Kinder (einige schon ab 6 Jahre):

Pro Center Michiel Bouwmeester,
Hotel Pier, zwischen Riva und Limone,
Tel. 0464-55 17 30
(Nov-März Tel. 0464-50 50 79),
bei Buchung von 2 Erwachsenen sind Kids-Kurse bis 11 Jahre gratis.
Marco Segnana,
Foce del Sarca, Torbole,
Tel. 0464-50 59 63
(Kurse für Kinder von 6-14 Jahren).
Vasco Renna Professional Surf Center,
Parco Pavese, Torbole,
Tel. 0464-50 59 93
(Kurse für Kinder von 8-14 Jahren).
OK-Surf, Parco Fontanella, Gargnano, Tel. 0365-79 00 12 (Kurse für Kinder von 8-13 Jahren).
Jean-Pierre Rüegsegger,
Hotel Baia dei Pini, Torri del Benaco,
Tel. 045-722 52 15.

WINTERSPORT

Das Monte-Baldo-Massiv bietet viele Möglichkeiten zum Skifahren und zum Rodeln, Auskunft bei den Touristenbüros.

Canyoning

In 15 Canyons rund um den Gardasee wird organisiertes Canyoning angeboten, das bedeutet die Eroberung wilder Bergbäche und Schluchten mit Seil und Hosenboden. Notwendige Techniken werden im Rahmen eines Kurses beigebracht. Das Mindestalter ist 14 Jahre (Lit. 70 000), es gibt aber auch ein Programm speziell für Kinder ab 10 Jahre (Lit. 80 000).
Canyoningcenter Wet Way, Nautic Club Riva, Viale Rovereto 44, Riva del Garda,
Tel. 0335-639 90 63.

Ausreichend Wind gibt es in Europas Surfparadies immer

Index

Acquapark
   Altomincio 76, **118**
ADAC 36, 124
Albisano 56
Anreise & Ankunft 124
Arco 40
Assenza 57
Ausflüge (organisierte) 131
Auskunft 124
Autofähren **124**, 127
Autovermietung 124
Babysitter 124
Baia delle Sirene
   (Garda/San Vigilio) 29
Bardolino 59
Bauernhof-Urlaub 134
Bimmelbahnfahrt 64
Bootsverleihe 27,
   33, 34, 36, 37, 95
Botanische Gärten 105,
   113, 120
Burgen & Kastelle 40,
   44, 48, 53, 60, 66, 78, 87
Bus, Bahn & Taxi 125
Campingplätze 125-126
Canevaworld 63, **107**
Canyoning 156
Castiglione delle Stiviere 72
Desenzano 88
Diplomatische
   Vertretungen 127
Einkaufstipps 6,
   74, 90, 97, 104, **137-140**
Einreisebedingungen 127
Eisdielen 32,
   42, 66, 80, 81, 83
Essen & Trinken 16-21
Eurocamp-Service 127
Fahrradverleihe 30, **128**
Festkalender 141-144
Flora & Fauna 6, 25, 48, 51,
   57, 90, 92, 96, 106, **145-147**
Freizeit- & Erlebnisparks 9,
   63, 102, **107-112**, 118
Fundbüro 128
Garda 62
Gardaland 9, 63, **102**
Gardone Riviera 86
Gargnano 84
Geld 128
Geschichte 40-42, **150-152**
Giardino Botanico
   Hruska 86, **113**
Golfplätze 153
Il Vittoriale
   degli Italiani 86, **116**
Kartbahn 121
Klima & Reisewetter 9, **129**

Kräuter-Führungen 120
La Quercia (Lazise) 33
Lago d'Ampola (Biotop) 98
Lago d'Idro 95
Lago di Ledro 98
Lago di Tenno 98
Lago di Valvestino 95
Lazise 62
Lido Blu (Torbole) 27
Lido della Rocchetta
   (Padenghe) 36
Lido Punta Gro
   (Sirmione) 34
Limone 45
Linienschiffe & Fähren 127
Maderno 86
Magugnano 58
Malcesine 47
Marmite dei Giganti 42, **114**
Medien 9, **130**
Medizinische
   Versorgung 130
Monte Baldo 51
Museen 44, 48, 50, 53, 54,
   59, 66, 72, 74, 76, 98, 116
Museo della Città 110
Nachtfahrten
   auf dem Gardasee 117
Naturschutzgebiete 32, 51
Notdienste 36, 124, 130, 131
Öffentliche
   Verkehrsmittel 125, 127
Öffnungszeiten 131
Orto Botanico
   di Novezzina 120
Parco Acquatico
   Cavour 76, **109**
Parco Acquatico
   Le Ninfee 76
Parco Alto
   Garda Bresciano 89
Parco Giardino Sigurtà 105
Parco Grotta
   Cascate Varone 107
Parco Natura Viva 63, **110**
Parks 29,
   34, 105, 107, 113, 116, 120
Peschiera 63
Picknick- & Grillplätze 29,
   32, 57, 63, 91, 92, 97, 104
Pietra delle Griselle 58, **117**
Prada 57
Reptiland 44
Restaurants 32, 33, 52, 54,
   62, 70, 78, 84, 103, 116,
   120, 132
Rezepte zum Nachkochen
   für daheim **18**, 97

Riva 44
Sagen & Legenden 11, 57, 76
Salò 86
San Francesco
   (Rivoltella) 34
San Zeno di Montagna 56
Sbocco Valle
   Randina (Torri) 30
Schiffsfahrten 37, **83**, 117
Schwimmbäder 27
Segelschulen 154
Sirmione 77-82
Solferino 73
Sonnenschutz 13
South Garda Karting 121
Souvenirs 78,
   97, 117, **137-140**
Spiaggia Cappuccini
   (Peschiera) 33
Spiaggia Cavalla (Garda) 30
Spiaggia Comunale
   (Limone) 37
Spiaggia Porto Torchio 36
Spiaggia Sabbioni &
   Spiaggia dei Pini (Riva) 26
Spielplätze 29, 30, 36, 63
Sportaktivitäten 153-156
Sprachführer 15, 131-132
Strände **24-37**, 80, 95
Strandabschnitt
   Garda-Bardolino 32
Strom 132
Surfschulen 27, 28, **156**
Tauchschulen 36, **155-156**
Telefon 132
Tiermitnahme 132
Tierparks 44, **110**
Torbole 44
Torri del Benaco 53
Trinkgeld 132
Typische Gerichte
   vom Gardasee 17, 19, **21**
Unterkünfte 134-136
Valléggio sul Mincio 75
Varone-Wasserfall 107
Verkehr 136
Verona 65-71
Wanderungen 51,
   60, **89-93**, 98, 114, 117
Wasserparks 76,
   107-109, 118
Wasserqualität **12**, 25, 36
Wassersport-Angebote 27,
   28, 32, 36, **154-156**
Weinhändler 74, **140**
Weinstraßen-Tour 59
Zoll 136

Die Reiseführer für die ganze Familie

Sie planen schon den nächsten Urlaub? Aufgepasst: Die Familienreiseführer aus dem COMPANIONS Verlag begleiten Sie noch in viele andere Ferienregionen. Alle sind nach dem bewährten Prinzip aufgebaut: Sie führen nicht nur zu Sehenswürdigkeiten und geben Ausflugstipps, sondern zeigen Eltern kinderfreundliche Strände und die tollsten Attraktionen für ihren Nachwuchs. Praktische Hinweise helfen außerdem bei der Reiseplanung. Damit die schönste Zeit des Jahres für die ganze Familie ein voller Erfolg wird.
DM 29,80, COMPANIONS Verlag.
Jetzt in Ihrer Buchhandlung.

Impressum

Herausgeber: Olympus Optical Co. (Europe) GmbH

Verlag: COMPANIONS Glänzer Linkwitz Wiskemann GmbH,
Van-der-Smissen-Str. 2, 22767 Hamburg, Tel. 040-306 35-100, Fax 040-306 35-150,
E-Mail: info@companions.de
Internet: http://www.companions.de

Autor: Gottfried Aigner
Lektorat und Schlussredaktion: Dr. Beatrix Müller
Schlusskorrektur: Arnd M. Schuppius

Titelgestaltung und Layoutkonzeption: Cornelia Prott
Umbruch: Gunda Mertens
Produktion: Carin Behrens
Druck und Bindung: Mohn Media, Gütersloh

Bildnachweise: Alle Bilder stammen von Gottfried Aigner
Titelfoto: Nachdruck-Dienst Axel Springer Verlag (Brandis)
Kartographie: Jochen Fischer Kartographie, Fürstenfeldbruck

Der Autor dankt Elisabetta Bonzanini von der Comunità del Garda, seiner Frau und Kollegin Nana Claudia Nenzel sowie Janina, Joshua, Julia und Tabea, die ihn Geduld und den Blick aus Kinderaugen gelehrt haben.

Wir danken: Hartmut Heincke, Chiara Maria Spotti, Anja Steffens und allen, die zum Gelingen des Buches beigetragen haben.

ISBN 3-89740-177-0

© 2000 COMPANIONS Glänzer Linkwitz Wiskemann GmbH, Hamburg. Alle Rechte vorbehalten, auch die der auszugsweisen sowie fotomechanischen und elektronischen Vervielfältigung sowie der kommerziellen Adressen-Auswertung und Übersetzung für andere Medien. Anschrift für alle Verantwortlichen über den Verlag. Alle Fakten und Daten in diesem Buch sind sehr sorgfältig vor Drucklegung recherchiert worden. Sollten trotz größtmöglicher Sorgfalt Angaben falsch sein, bedauern wir das und bitten um Mitteilung. Herausgeber und Verlag können aber keine Haftung übernehmen.

Gedruckt auf 100 % chlorfrei gebleichtem Papier.